중
1
독
서
습
관

중1
독서습관

유형선·김정은
지음

책과 멀어진 아이가 다시 책에 빠지는 가족 독서의 힘

사우

가족이 함께 책을 읽습니다

삼 형제가 장래 희망에 대해 이야기합니다.

큰형: 나는 과학을 좋아하고, 과학을 잘하니까 커서 과학자가 될 거야.

둘째: 나는 철로 만든 로봇도 좋고 철로 만든 자동차도 좋으니까…

철학자가 될 거야.

막내: 나는 그림을 좋아하고 그림을 잘 그리니까… 그림자가 될 거야.

어디선가 이 글을 읽으며 장래 희망을 말하는 세 아이의 당찬 표정이 떠올라 나도 모르게 미소 지었습니다. 사실 어릴 적 우리는 모두 무언가를 좋아했고, 무언가가 되고 싶었습니다.

그러나 현실은, 과정은 외면한 채 결과만 인정하려 합니다. 중학교와 고등학교는 대학 진학을 위해 입시를 준비하는 곳이 되었습니다. 입시 위주의 교육제도에 맞춰 살다 보면 어느새 무엇이 되려는 삶에 익숙해지면서 자신이 무엇을 좋아하는지 망각하게 됩니다. 좋아하는 것을 추구하면 철이 안 들었다고들 합니다. 우리는 무엇이 되기 위해 필요한 것만 해야 하는 삶을 살고 있습니다.

인생의 모든 순간이 그렇듯, 중학생 시기는 두 번 다시 오지 않는 소중한 시간입니다. 중학생은 고등학교와 대학 입시를 준비하는 시간일 뿐이라고 여기면 안 된다고 생각합니다. 나는 내 아이들이 중학생 시기를 매 순간 충만하게 살기를 희망합니다. 자신이 좋아하는 것을 발견하고, 그것에 흠뻑 젖어 십 대 시절을 보낸 덕분에 훗날 좋아하는 것을 탐구하고 즐길 수 있는 학업과 직업으로 이어지기를 바랍니다.

평생 배우고 공부하는 자세를 익히기 위하여

아이들의 현실을 바라보았습니다. 점수와 등급이 매겨지는 현행 입시제도에 아이들의 성장기를 통째로 맡길 수는 없었습니다. 자녀를 둔 부모로서 성장기 자녀에게 가장 중요한 것이 무엇일지 고민했습니다. 우리 부부는 아이들이 '책 읽는 사람'으로 성장하도록 지원하자고 다짐했습니다. 청소년기에 책이 나를 위로했고, 사십 대 전환의 시기에 흔들리는 나를 여전히 책이 잡아주었듯이, 인생의 굽이굽이마다 책이 아이들에게 큰 힘을 발휘할 것이라 믿습니다. 그러므로 우리 부부는 '독서'와 '토론'을 우리 가족의 일순위에 두기로 했습니다.

큰아이가 중학생이 되었습니다. 초등학교 때 책을 좋아하던 아이였습니다. 그러나 중학생이 되고서 입시 준비라는 현실과 마주하며 책과 멀어지는 듯했습니다. 초등학생이었을 때 책 읽기를 좋아했던 아이는 혼란스러워했습니다. 책을 계속 읽을 것인지, 책 읽기를 멈추고 입시 준비를 할 것인지 갈등했습니다. 설상가상으로 독서를 방해하는 다른 요인들이 하나둘 등장하기 시작했습니다.

책과 멀어진 중학생이 어떻게 하면 책을 읽을까요? 우리 부부는 머리를 맞대고 고민했습니다. 중학교 1학년은 자유학년제 기간입니다. 시험과 평가에서 자유로운 시기죠. 온 가족이 인문고전을 읽고 토론을 하기로 결정했습니다. 자유학년제를 잘 활용해서 아이들에게 책 읽는 재미를 되찾아주고 싶었습니다. 이 거창한 계획을 실행하기 위해 세 가지 기준을 정하였습니다.

첫째, 책 읽을 시간을 마련합니다. 하루 한 시간, 책 읽는 시간과 주말 저녁 가족 독서 토론 시간을 가집니다. 그러자면 당연히 사교육과 스마트폰 다이어트를 해야 합니다. 도움이 꼭 필요한 경우에만 사교육을 받습니다. 큰아이는 수학 학원 한 곳만 다닙니다. 나머지 시간은 모두 자유시간입니다. 저녁 9시 이후에는 스마트폰 사용을 하지 않는 '스마트폰 셧다운제'를 가동합니다.

둘째, 진정한 배움을 실천할 수 있는 분위기를 가정에서 조성합니다. 성적에 대한 언급을 자제합니다. 점수와 등수는 좋을 수도 있고 나쁠 수도 있습니다. 그러나 배움은 평생토록 이어질 장기전입니다. 세상은 급변합니다. 지금 아이들이 열심히 배우고 평가받는 지식은 곧 별 쓸모가 없어집니다. 성적보다 배움에 대한 태도를 몸에 익히는 것이 더 중요합니다.

셋째, 아이가 책 읽는 재미를 느끼는 게 제일 중요합니다. 출발은 아이의 고민이나 질문에서 시작합니다. 책 선정도 아이의 선택에 맡깁니다. 아이가 선정한 책을 부모가 읽고 토론하는 시간을 가집니다. 아이의 이야기를 부모가 귀 기울여 듣습니다.

우리는 자유학년 1년 동안 인문고전 읽기에 주력하기로 했습니다. 인문고전을 읽기 시작하기에 적절한 시기라고 판단했기 때문입니다. 무엇보다 아이들이 인문고전의 세계에 풍덩 빠져 신나게 헤엄치는 재미를 누릴 수 있기를 바랐습니다. 그 경험은 평생 배우고 공부하는 자세를 갖게 해줄 것이기 때문입니다. 왜 어렵다는 인문고전을 읽고자 했는지 그 이유에 대해서는 뒤에서 자세하게 이야기하겠습니다.

가족이 함께 읽으면 못할 것이 없다

중학생 자녀와 함께 인문고전을 읽고 토론을 한다고 하면, 많은 분들이 다음과 같은 질문을 합니다.

"우리 아이는 책 읽기를 싫어하는데, 부모가 집에서 책 읽기를 지도할 수 있나요?"

"중학생이 인문고전을 읽는다니, 그 집 아이들은 특별한 아이들 아닌가요?"

요즘 중학생이 책을 읽지 않는 데는 여러 가지 이유가 있습니다. 하지만 세심하게 방법을 찾아보면 길이 나옵니다. 우리 집 아이들은 지극히 평범한 아이들입니다. 다만 우리 부부가 책 읽기를 좋아하고, 아이들도 책 읽는 습관을 가지면 좋겠다 싶어 집안 분위기를 만들기 위해 조금 노력을 했을 뿐입니다.

가족이 함께 인문고전을 읽고 토론하기는 누구나 할 수 있습니다. 부모가 모범을 보이고 롤모델이 되면 아이들은 자연스레 보고 배웁니다. 자녀 덕에 부모도 공부를 하게 됩니다. 부모 역시 이 기회에 인문독서의 기쁨을 발견하고 누릴 수 있습니다.

"요즘 인문학 책 읽고 토론하는 사교육 기관도 많던데, 거기 보내면 더 효율적이고 편하지 않나요?"

이런 질문을 받기도 합니다. 물론 그것도 방법입니다. 하지만 그렇게 되면 독서가 숙제가 되어 버리기 쉽습니다. 숙제를 하면서 재미를 느끼기란 어려운 일입니다. 사교육 기관은 돈을 받고 독서 지도를 하기 때문에 학부모에게 무언가를 보여주어야 합니다. 아이 눈높이에 맞지 않는 어려운 책을 읽혀야 학부모가 '역시 돈 주고 맡긴 보람이 있어' 라고 만족하겠지요. 또한 독서 수준이 향상되고 있다는 것을 보여주어야 하니 평가를 하지 않을 수 없습니다. 평가는 아이를 책과 멀어지게 만드는 가장 큰 원인입니다.

게다가 성향이나 수준이 각기 다른 아이들을 일일이 다 맞출 수 없습니다. 그러니 정해진 커리큘럼대로 책을 읽힐 수밖에 없겠지요. 하지만 책을 선택하는 기준은 백인백색입니다. 저마다 끌리는 책이 다릅니다. 내가 읽고 싶어서 고른 책을 읽을 때 독서가 가장 즐겁다는 것은 두 말할 여지가 없습니다.

가족이 함께하는 독서는 독서의 재미와 가치를 발견하고 누리기에 가장 적합한 방식입니다. 누구에게 보여주거나 과시할 이유도 없고, 평가할 이유도 없습니다. 가족들은 책을 매개로 서로 공감하고 응원하고 협력합니다. 앞으로 우리 아이들이 살아가야 할 시대에 가장 필요한 덕목을 자연스럽게 가정에서 배우게 되는 것이죠.

물론 인문고전 읽기가 처음부터 쉬울 수는 없습니다. 그래서 인문고전과 친해지는 여러 가지 방법을 모색했고 실제로 적용해보았습니다. 이 책의 1부에는 성장기 자녀와 부모가 인문고전 읽기에 집중해야 하는 이유와 구체적인 방법론을 다뤘습니다. 중학생 자녀와 인문고전을 함께 읽기 위해 어떤 단계를 거쳤는지 준비 과정을 최대한 자세하게 담았습니다.

2부는 큰아이가 중학교 1학년 자유학년제 기간을 보내는 동안 가족이 함께 인문고전을 읽고 토론한 경험을 담았습니다. 이 책에서는 가족 독서토론의 샘플을 독자들에게 보여드리기 위해 8편의 토론 내용을 실었습니다. 중학생 자녀가 인문고전을 찾아 읽고, 그 책을 부모도 함께 읽고, 정기적으로 마주 앉아 책을 읽으면서 느끼고 생각한 것을 나누는 시간을 가졌습니다. 자유학년제 기간을 '독서와 토론'으로 보낸 큰아이는 이후에도 독서 습관을 이어가고 있습니다.

부록으로 저희 가족이 실제로 읽어보고 선정한 인문고전 추천도서 목록을 정리했습니다. 중학생 자녀를 둔 부모를 위해 신화, 철학, 역사, 문학 읽기의 안내 자료를 아낌없이 담았습니다.

가족, 배움의 공동체가 되다

가족이 함께 배움의 공동체를 만들어가는 것이 가장 중요하다고 생각합니다. 배움의 공동체는 일방적으로 평가하고 가르치는 수직적인 관계가 아니라 서로 돕고 지지하는 수평적인 관계입니다.

선수가 아닌 보통 사람이 마라톤을 완주할 수 있는 것은 함께 달리기 때문이라고 합니다. 자전거도 혼자 탈 때보다 여럿이 함께 탈 때 더 오래 탈 수 있고 더 멀리까지 갈 수 있다고 합니다. 이렇듯 인간이란 주위 사람의 영향을 받는 존재입니다. 책 읽기도 마찬가지입니다. 온 가족이 책을 함께 읽는다면, 혼자만 책을 읽지 않기가 더 어려운 일이 될 것입니다. 가족이 함께 책을 읽고, 책 이야기를 나누고, 책 나들이를 다닙니다. 신체적으로 정서적으로 성장 급

등의 시기를 지나고 있는 중학생이 책을 가까이한다면, 책 읽는 습관이 뼈와 근육에 새겨질 것이며 평생 '읽는 인간'으로 성장할 것입니다. 그래서 온 가족이 함께 책을 읽고 이야기를 나누는 문화를 만들려고 노력했습니다.

지속적인 책 읽기를 위해, 온 가족이 함께 읽어보기를 권합니다. 함께 읽으면 혼자 읽을 때보다 훨씬 더 오랫동안 지속적으로 읽을 수 있습니다. 일주일에 하루 시간을 정해 가족이 모여 책 이야기를 나눠보세요. 책을 읽고 이야기를 나누면 훨씬 더 오랫동안 기억에 남습니다. 온 가족이 함께라면, 혼자 힘으로 할 수 없었던 일을 거뜬히 해낼 수 있습니다. 가족이란 그런 거니까요.

입시 위주의 교육제도는 복잡한 미로 같습니다. 미로 속에 놓인 우리 아이들이 자신의 길을 찾을 수 있도록 인문고전을 권합니다. 점수와 등급에 따라 갈려진 길이 아니라 자신의 내면을 들여다보며 자신만의 길을 찾을 수 있도록 인문고전을 읽고 생각하기를 권합니다. 때로 길을 잘못 들 수도 있고 내 길이라고 생각했던 길이 사라질 수도 있습니다. 그러면 다른 길을 가거나 돌아가면 됩니다. 자신의 내면에서 자신의 길을 찾아낼 수 있다면 위기가 닥쳐도 충분히 헤쳐 나갈 수 있습니다.

입시 위주의 교육제도에 우리 아이들을 온전히 맡길 수 없다는 의견에 동의하신다면, 이 길을 함께 가기를 제안합니다. 급변하는 세상에서 우리 아이들에게 인문고전이라는 진리의 샘을 보여주는데 동참하기를 권합니다. 부모와 자녀가 함께 인문고전을 읽고 이야기를 나누며 서로의 고민을 들어주고 서로의 성장을 응원하기를 권합니다. 누구보다 가까운 친구이자 동지가 됩니다.

> 가정은 세계를 축소한 하나의 소우주로서 세상을 변화시킨다는 것은 곧 가정을 변화시켜야 한다는 것이다.
>
> – 버지니아 사티어

유형선·김정은 드림

가족
독서토론의
현장 ——— 2부

1부

중1, 평생 독서 습관 만드는
골든타임

1

……

중학생과 함께 책을 읽기 위한 준비

중학생이
책을 안 읽는
진짜 이유

초등학교 때 공부하는 습관을 들이지 않으면 중·고등학교에 가서 성적이 크게 떨어질 것이라고 불안해하는 부모들이 많다. 초등 1·2학년 때까지는 아이를 사랑으로 보듬어주는 교사를 선호하지만, 아이가 초등 3·4학년만 되어도 숙제를 내주고 시험도 치러 입시 위주의 교육제도에 적응하도록 이끄는 교사를 선호하게 되는 것도 같은 이유다. 아이들은 초등 저학년부터 학습지를 풀고 보습학원을 돌며 시험에서 좋은 점수를 받는 기술을 익힌다. 대부분의 부모는 자녀가 유치원부터 중·고등학교까지 시험 보는 기술을 연마해서 좋은 대학에 입학하기를 소망한다.

마흔의 위기를 겪지 않았다면 우리 부부도 위와 같이 생각하고 행동했을 것이다. 하지만 큰아이가 일곱 살, 작은아이가 세 살일 때 우리 부부는 인생의 위기를 맞게 된다. 남편은 파업에 가담하고 아내는 직업병을 얻어 직장을 그만두게 되면서 좀 다른 생각을 하게 되었다. 두 아이는 유치원과 학원을 그만두었고, 온 가족이 책을 읽기 시작했다. 초등 내내 학습지나 학원 등 사교육을 일체 하지 않았기 때문에 책 읽을 시간이 충분했다.

아이들이 초등학교 다니는 동안 우리는 매일 도서관에 발도장을 찍었다. 그림책, 동화, 문학, 과학 등 가리지 않고 책을 한 아름 빌려 와서 읽었다.

큰아이가 초등 고학년이 되자, 주변에서 이제 책은 그만 읽히고 공부를 시키라고 충고했다. 대학입시 준비 시기가 고등학교에서 초등 고학년으로 내려온 지 이미 오래라며 한 마디씩 했다. 책을 즐겨 읽는 아이가 학교 공부를 못 따라갈 리 없다고 믿었기에 우리 부부는 흔들리지 않았다. 실제로 학원도 다니지 않고 학습지도 하지 않은 아이는 학교 수업을 따라가는 데 아무 문제가 없었고, 아이의 성적은 지금까지도 매우 우수한 편이다. 이대로 '책 읽는 사람'으로 자라준다면 얼마나 좋을까? 아이의 독서가 지속되기를 바랐다.

초등 고학년에 찾아오는 독서 위기

초등학생 때까지 책 읽기를 좋아하던 아이인데 중학생이 되면 책을 읽지 않는단다. 왜 그럴까? 나는 이 현상이 늘 궁금했다.

책을 좋아하던 아이가 갑자기 책을 싫어할 리 없으니, 중학생 자녀에게 책은 이제 그만 읽고 책 읽을 시간에 학교 공부를 더 하라고 강요하는 부모가 있지 않을까 짐작했다. 책 읽는 분위기가 잘 조성된 우리 집은 예외일 거라 예상했다. 하지만 6학년 겨울방학이 되자 우리 아이에게도 독서 위기가 찾아왔다.

부모 세대와 달리 요즘 초등학교 졸업식은 12월에 하는 추세다. 초등학교 6학년 12월 말에 졸업식을 하면 중학교 입학식을 하는 3월 초까지, 아이는 초등학생도 아니고 중학생도 아닌 시기를 맞는다. 이 시기 대부분의 아이들은 중학생이 될 준비를 한다. 선행학습을 하지 않았고 보습학원에 다녀본 적이 없는 큰아이는 중학교 공부가 걱정되는 눈치였다. 대형 서점 문제집 코너에서 EBS 교재를 들춰보기도 하고, 인터넷 강의를 찾아서 듣기도 하면서 예비 중학생으로서 준비를 했다. 아이 스스로 성적에 관심을 가지면서 자연스레 책 읽는 시간이 줄어들었다.

중학생이 되고 나서 아이는 처음으로 스마트폰을 갖게 되었다. 스마트폰이 독서의 적이라는 걸 잘 알기에 그 전에는 사 주지 않았다. 중학교는 버스로 통학을 해야 해서, 버스앱을 사용하고 등하교 시간에 팟캐스트를 들으면 좋겠다 싶어서 스마트폰을 사 주었다. '덕후' 기질이 다분한 큰아이는 곧 좋아하는 게임을 다운로드 받아 친구들과 게임을 하고 유튜브 동영상을 보는 재미에 빠졌다. 스마트폰을 갖게 되면서 책 읽는 시간은 현저히 줄어들었다.

큰아이가 중학생이 되고나서야 알았다. 중학생 아이들이 책 읽기에서 멀어진 건 아이 탓도 부모 탓도 아니었다. 책 읽을 시간이 없기 때문이다. 과목이 많아지고 수업시수가 늘어나며 지필고사니 수행평가니 학교생활만으로도 할 일이 너무 많다. 학원 스케줄까지 더해지면 학교 숙제하랴 학원 숙제하랴 바쁘다. 그러니 책을 읽을 시간이 없다. 여기에 스마트폰은 아이의 여가 시간을 뺏는 주범이다. 부모가 뭐라고 하지 않아도 아이 스스로 느끼는 성적에 대한 압박감도 크다.

이대로 '책 읽는 사람'으로의 성장을 포기할 것인가? 대책을 마련해보기로 했다.

중학교 1학년은 자유학년이다. 자유학년에는 시험이나 평가가 일절 이루어지지 않는다. 우리 가족은 자유학년 1년 동안 '인문독서'를 해보자고 결정했다. 중학교 1학년 1년 동안, 책을 읽는 행위가 얼마나 재미있는 일인지(스마트폰보다 더!), 책 읽기가 얼마나 중요한 일인지(성적을 잘 받는 것보다 더!)를 경험하는 것을 최우선 과제로 삼았다.

먼저 온 가족이 지혜를 모아 인문학 책을 읽을 수 있는 환경을 만든다. 큰아이가 직접 책을 고른다. 하루 한 시간 정해진 시간에 온 가족이 그 책을 읽는다. 주말에 가족 독서토론을 한다. 처음에는 엄마나 아빠가 토론 진행을 맡지만 점차 토론의 주도권이 아이에게 넘어가서 아이가 토론을 이끌 수 있도록 한다. 모두가 경청한다.

주말에는 책 구경을 한다. 대형 서점도 좋고 동네 책방도 좋다. 헌책방이나 만화방도 좋다. 책이라는 물성을 만지고 느끼고 실컷 책을 구경할 수 있는 곳이라면 어디든 좋다. 아이가 책을 골라 오면 묻지도 따지지도 않고 사 준다. 책을 고르는 안목은 실패를 통해서 길러지므로 직접 고르고 사는 경험을 해보는 것이 중요하다.

우리 가족은 자유학년 1년 동안, 하루 한 시간 책을 읽고, 주말에는 책 구경을 실컷 했으며, 주말 저녁에는 독서토론을 했다. 온 가족이 재미있게 책을 읽었다. 가족 독서토론은 회가 거듭될수록 다양하고 풍성한 대화거리로 토론의 질이 좋아졌다.

책 읽는 기쁨과 대화의 즐거움이 집 안에 가득했다. 이러한 생활이 지속되리라 믿었다. 그런데 대한민국의 교육 현실은 중학생에게 독서의 기쁨을 허용하지 않았다.

독서가 성적에 미치는 실제적인 영향

큰아이가 중2가 되면서 또 한 번의 독서 위기가 찾아왔다. 아이의 독서는 사실상 멈춤 상태로 접어들었다. 가장 큰 이유는 아이가 바빠졌기 때문이다. 우리는 고교 비평준화 지역에서 살고 있어서 원하는 고등학교에 진학하려면 중학교 내신성적을 잘 받아야 한다. 시험을 쳐본 적이 없는 아이가 이제는 지필고사와 수행평가를 치러야 했다. 아이는 입시 부담에 시달렸다.

아이는 요즘 수학 학원을 다닌다. 학원 수업 끝나고 집에 와서 숙제를 하고 수행평가 준비를 하고 나면 자야 할 시간이다. 여유 시간이 없는 건 아니지만 잠깐 시간이 나면, 아이는 책 읽기보다 컴퓨터 게임을 하거나 친구들과 카톡을 주고받는다. 휴식 시간에 아이는 책을 읽고 싶어 하지 않았다. 친구들과 수다로 스트레스를 풀거나 말초신경을 자극하는 영상을 보는 걸 더 좋아했다. 입시 부담을 크게 느낄수록 책 읽는 시간은 없어졌다.

이처럼 책을 좋아하는 아이도 독서 위기를 맞는다. 아이의 변화를 이해 못 하는 게 아니다. 당장 발등에 떨어진 일 때문에 독서를 뒤로 미룬 적이 얼마나 많았나? 중요한 걸 좇느라 소중한 걸 놓치고서 후회한 적이 얼마나 많았나? 어른인 나도 이러니 또래 문화에 민감한 아이들이야 어떨지 충분히 이해가 된다. 그렇다고 시절만 탓하고 있을 수는 없는 일.

어떻게 하면 다시 아이를 독서의 세계로 끌어들일 수 있을까? 우선 아이의 생각을 들어보기로 했다.

"중학생 때 내신성적 안 챙겨서 한 시간씩 버스 타고 멀리 있는 고등학교에 다니는 선배들을 보면, '나는 성적 잘 챙겨야지, 가까운 학교에 가야지' 하는 생각이 들어요. 생각해보면 엄마가 책 읽어줄 때, 온 가족이 함께 책 읽고 토론할 때가 제일 좋았는데 말이에요. 우리 가족이 함께 책을 읽으면서 집 분위기가 얼마나 좋아졌는데요. 저도 계속 책을 읽었으면 좋겠어요. 하지만 책만 읽다가 원하는 고등학교에 못 가는 건 아닌지 걱정도 돼요."

아이는 맘껏 책을 읽을 수 있었던 때를 그리워했다. 책 읽기와 고교 진학 준비 사이에서 고민하는 아이가 안쓰러워서 다시 물었다.

"책 읽기가 학교 공부에 긍정적인 영향을 미친 부분이 있지 않을까?"

"있죠. 특히 글쓰기 할 때요. 정해진 시간에 두 페이지를 가득 메울 정도로 이젠 글이 술술 써져요. 논지를 밝히고 결론을 제시하는 논설문 쓰기는 이제 정말 쉬워요. 이건 작년에 인문학을 읽고 온 가족이 독서토론을 해서인 것 같아요. 또 지필고사에서 긴 문제를 읽어낼 때, 서술형 수학문제 풀이 과정을 쓸 때 도움이 돼요. 책 읽기를 꾸준히 하지 않았다면 이런 게 어려웠을 거예요."

"그렇다면, 입시 때문에 책 읽기를 미룰 필요는 없을 것 같은데? 오히려 책을 더 읽어야 하지 않을까?"

"음, 그게… 교과서 표현을 그대로 썼는지, 수업 시간에 필기한 내용을 그대로 옮겨 썼는지가 중요해서요. 내신성적을 잘 받으려면 똑같이 써야 하니까 암기를 해야 하고, 암기할 시간이 필요한 거죠."

아이 말을 듣고 보니, 지금도 예전 내가 중학생이었을 때와 같은 방식으로 평가가 이루어지는 건가 싶어 속이 답답했다. 중학교 2학년이 되고나서 예전처럼 읽고 싶은 대로 책을 읽지 못하는 아이 심정이 어느 정도 이해가 됐다.

"엄마도 알 것 같아. 당장 급한 일에 매달려서 책 읽을 시간을 내지 못 하는 그 상황. 그래, 책을 안 읽는 시간 동안 어땠니? 좋았니?"

"아니요. 책 읽을 때가 훨씬 좋아요. 책을 안 읽는 동안 무언가 중요한 것을 놓치고 있다는 생각이 들었어요."

"그랬구나. 아무리 바빠도 하루 한 시간 책 읽는 시간은 꼭 지키자."

다행히 아이는 독서의 즐거움과 가치를 충분히 인식하고 있었다. 그런 사람은 평생 책 읽는 사람으로 살 것이다. 지난 자유학년 기간 동안 우리 부부가 기울인 정성이 헛되지 않았구나, 하는 생각에 안심이 되었다.

책 읽는 사람으로 키우기 위해 부모가 해야 할 일

책을 읽지 못하게 된 건 아이들의 잘못이 아니다. 아이들이 책을 읽으려면 책 읽을 시간이 있어야 한다. 책 읽을 시간을 만들어내야 한다. 중학생 자녀가 독서를 할 수 있도록 아이의 일상을 들여다보고 책 읽을 시간부터 마련하자. 학원 일정이 빽빽하다면, 꼭 필요한 과목만 남기고 사교육 줄이기를 먼저 실천해보자. 아이가 스마트폰과 게임으로 여가 시간을 전부 보낸다면, 저녁 9시 이후 스마트폰 셧다운제, 토요일 오전에만 게임하기 등 대화를 통해 규칙부터 만들어야 한다.

입시 위주의 교육제도가 바뀌지 않는 한 독서 위기는 앞으로도 계속 찾아올 것이다. 부모와 자녀가 좋은 성적에 우선순위를 둔다면, 아이는 점점 더 책과 멀어질지 모른다. 자녀가 '책 읽는 사람'으로 성장하기를 원한다면, 무엇보다 먼저 책 읽는 환경을 만들어주어야 한다. 책 읽을 시간을 마련해주는 것을 우선순위에 두어야 한다. 중 1, 독서 습관을 키울 절호의 기회를 그냥 흘려보내지 말기 바란다.

중1 자유학년, 인문고전을 읽기에 딱 좋은 시기

2012년, 평생 잊지 못할 경험을 했다. 다니던 외국계 회사가 자국의 본사를 살리기 위해 한국 법인 매각을 결정했다. 한국 회사를 인수하려는 동종업계 회사가 나타났는데, 두 회사가 합병되는 과정에서 수백 명의 일자리가 즉시 사라질 것이 문제였다. 회사 노조는 전 직원의 고용 안정을 사측에 요구하며 7월부터 파업을 시작했고 나도 동참했다. 1천 명의 전 직원 중 8할이 참여한 대규모 파업이었다. 파업을 시작할 때는 한두 달 안에 끝날 것으로 예상했지만, 예상과 달리 12월 성탄절을 며칠 앞두고 끝났다. 무려 144일간의 파업이었다.

신체적, 정신적, 경제적 위기가 한꺼번에 찾아왔다. 차곡차곡 쌓아올렸던 삶의 기반이 한순간에 무너졌다.

언제라도 구조조정 대상자가 될 수 있다는 걸 이젠 안다. 만일 회사 밖으로 내몰린다면? 마흔을 앞둔 나이에 재취업은 상상하기 어려웠다. 파업 현장에 출근했다가 저녁에 퇴근하는 현실은, 마치 바다에 뛰어들었다가 겨우 헤엄쳐 나오기를 반복하는 것 같았다. 숨이 막히고 가슴이 답답했다.

세상이 아무리 변해도 변하지 않는 질문, '나는 누구인가?'

그 무렵, 우연히 어느 작가가 법정 스님에 대해 정리한 글을 읽었다. 법정 스님은『무소유』외에도 여러 책을 쓰셨는데, 스님의 책을 읽다보면 공통적인 화두를 만나게 된다. 바로 '너 어디 있느냐?' 라는 질문이다. 법정 스님을 찾아와 인생 고난을 풀어놓는 사람에게 스님은 모든 이야기를 들으신 후 딱 한마디 질문을 던지셨다고 한다. "자네는 지금 어디에 있는가?"

질문이 가슴을 후비고 들어왔다. 나는 어머니 배 속에서부터 성당을 다니며 자랐다. 법정 스님의 화두와 동일한 문장이 기독교 성서 창세기에도 있다는 것이 생각났다. 성서를 찾아 창세기를 펼쳐 손가락을 짚어가며 읽었다. 에덴동산에서 뱀의 꼬임에 빠진 아담과 하와가 결국 선악과를 먹고서 벌거벗은 몸이 부끄러워 풀숲에 몸을 숨긴다. 하느님이 아담과 하와를 찾으며 "너 어디 있느냐?"라고 물으신다. '너 어디 있느냐?' 라는 질문은 신이 인간을 향해 던진 첫 번째 질문이었다.

나는 '너 어디 있느냐?' 라는 질문을 본능적으로 붙들었다. 100일이 넘어가는 파업을 버티며 내 마음은 전쟁 한복판에 있었다. 마치 폭풍우에 배가 뒤집혀 물에 빠져서 허우적거리는 것 같았다. 손에 잡히는 것을 닥치는 대로 붙잡아도 불안했고 심지어 숨 쉬기도 곤란했다.

그러나 '너 어디 있느냐?' 라는 질문을 떠올리면 달라졌다. 이 질문을 붙잡고 집중하는 시간만큼은 숨을 쉴 수 있었다. 이 질문을 붙잡아야만 생존할 수 있음을 본능적으로 느꼈다. '너 어디 있느냐?' 라는 질문에 답하기 위해 인문고전을 읽기 시작했다.

일단 혼자서 책을 읽어나갔다. 출퇴근 전철에서 주로 읽었다. 한 권을 읽으면 다음에 읽어야 할 책이 자연스럽게 눈에 들어왔다. 독서모임을 찾아 함께 책을 읽기도 했다.

끝없이 이어지는 인문고전 독서와 글쓰기를 통해 서서히 내 안으로 들어갔다. 불안함과 불행은 결국 가치관의 문제였다. 나의 가치관을 부수어버려야 했다. 매일매일 접하는 세상을 읽고 해석하는 나의 가치관을 부숴버릴 때, 그때서야 불행의 독방에서 벗어나 자유로워질 수 있었다. 불행으로부터 자유로워지기 위해 삶을 바라보는 새로운 눈이 필요했다. 인문고전과 철학책을 읽고 글을 쓰면서 나도 모르게 내 안에 자리 잡고 있던 가치관을 발견하고, 버리고, 새롭게 쌓아올리다가, 다시 허무는 과정을 반복했다.

세상 풍파에 흔들려 지치고 힘들더라도 나만의 고유한 질서를 찾아가야 한다. 나만의 고유한 질서는 분명 내 안에 존재한다. 인문고전 읽기를 하면서 스스로에게 '나는 누구인가?' 라는 질문을 수천 번, 수만 번 반복했다. 지난 시절 무엇을 하는 순간에 행복했나? 영혼 가득 충만함이 차올랐던 순간을 낚아채 글로 쓰고 그림을 그렸다. 나에게 고유한 패턴이 있음을 알게 되었다. 나만의 고유한 질서를 알았다면 정말 잘할 수 있도록 수련해야 한다. 매일매일 수련하면 '나' 라는 우주를 더 잘 알 수 있다.

'나' 를 알아가는 길을 우리 아이들에게도 알려주고 싶었다. 그 길을 아이들과 동행하기 위해 우리 부부는 아이들과 함께 읽고 배우는 시간을 마련하기로 했다.

급변하는 시대, 인문고전에 주목한 이유

세상은 변한다. 부모 세대가 살았던 세상과 자녀 세대가 살아갈 세상은 다르다. 세상이 지금처럼 변할 것이라고 학창시절에 누구도 이야기해주지 않았다. 유튜브 앱을 통해 러시아 청년이 영어로 캠핑 기술을 전수하는 시대가 온다고 30년 전에 예상한 사람은 아무도 없다. 마찬가지로 지금 청소년이 장차 어떤 시대에 살 것인가를 예측하는 것은 불가능하다.

2016년 '4차 산업혁명'을 주제로 열린 세계경제포럼에서 인공지능(AI) 기술은 2020년까지 전 세계에서 일자리 710만 개를 사라지게 할 것이라 전망했다. 급변하는 시대, 우리 아이들은 AI와 겨루어야 하는 세상을 맞았다. 다가올 미래에 적합한 인재상이 새로이 대두되었다고들 하나 교육제도와 입시제도는 변화를 좇아가지 못 하고 있다.

대학 졸업장으로 평생을 먹고살던 시대는 끝난 지 오래다. 오늘 배운 지식이 내일은 쓸모없어지는 시대에 사십 대 부모와 십 대 자녀가 공존한다. 하지만 우리의 교육제도는 대학 진학을 위한 과정이다. 특히 중고등학교 교육은 오로지 대학 진학만을 목표로 한다. 사교육은 공교육을 앞지르는 선행교육에 목표를 맞추고 있다. 스스로 생각하는 힘을 기르는 교육이 필요하다고 입을 모아 말한다. 하지만 현실은 그와 정반대다.

예측할 수 없는 미래, 국경이 사라진 세상에서 우리 아이들은 우리보다 훨씬 더 많은 선택과 결정을 해야 할 것이다. '모국'이라는 단어가 갖는 힘도 약화될 것이다. 나는 아이들이 어디에서든 자립하는 사람으로 커나가길 원한다. 변화의 소용돌이에서 흔들리고 불안하지만, 중심을 잡고 나의 삶을 살아가길 원한다.

새로운 시대에 새로운 주인공으로 살아갈 청소년들에게 무엇을 교육할 것인가? 내면의 세계를 탐험하고 모험하는 힘은 예측하기 어려운 미래일수록 더욱 중요하다. 자기 안의 내면을 성찰하고 탐구한 이들은 어느 시대건 창조자가 되었다. 이제 아이들에게 필요한 것은, 지식이나 기술을 증명하는 졸업장이나 자격증이 아니다. 배우려는 태도와 창조하려는 자세다. 창조자는 내면을 연구하고 탐험하는 이들이다. 인문고전은 내면을 탐험하는 검증된 도구다.

아이들이 살아갈 세상에서는 지식보다 배우려는 태도가 중요하다

읽고 또 읽어도 늘 새로운 게 인문고전이다. 어느 시대에 읽어도 항시 시대와 시대를 살아가는 인간의 삶을 담아낼 수 있는 깊이와 넓이를 가진 작품이 인문고전이다. 인문고전은 시대를 관통하는 질문과 대답의 과정으로 이뤄졌기 때문이다. 인문고전을 섭취하면 정신세계에서 자유롭게 도약할 수 있는 에너지를 얻을 수 있다.

인문고전으로부터 우리는 배우려는 태도와 창조자의 자세를 배울 수 있다. 인문고전을 스승 삼아 30년 이상 차이가 나는 부모와 자녀가 함께 읽고 소통하는 과정에서 인격체로서 마주할 수 있다. 성장기에 읽은 인문고전은 기본 생활 태도는 물론 사고력과 공감 능력을 길러주기에 더욱 중요하다. 나는 청소년기 인문고전 독서야말로 미래를 살아갈 아이들에게 꼭 필요한 기본기를 갖추는 교육이라고 생각한다.

이 책을 쓰면서 큰아이에게 인문독서의 장점이 무엇인지 물어보았다. 아이는 다음과 같이 네 가지로 정리했다.

첫째, 인문고전을 읽으면서 한 가지 주제를 깊이 생각하는 힘이 길러졌다.

둘째, 신화와 역사, 철학 책을 읽으면서 재미있는 이야기를 만들어보고 싶은 마음이 생겼다.

셋째, 인문고전을 읽고 토론하면서 교과서를 그대로 받아들이기보다 비판적으로 수용하는 습관이 생겼다.

넷째, 한 가지 주제에도 다양한 관점이 있다는 걸 배웠다.

아이가 자연스럽게 책을 집어 들게 만들려면

내가(유형선) 인문고전 읽기에 처음 맛들인 건 초등학교 때였다. 아버지는 고등학교 미술선생님이었고 어머니는 전업주부였다. 초등학교 4학년 때, 부모님의 빚 보증 문제가 터지는 바람에 갑자기 가세가 기울었다. 몇 날 며칠을 밤이면 밤마다 아버지는 술을 드셨고 어머니는 울고 또 우셨다. 이후 십수 년간 아버지 월급의 대부분을 빚 갚는 데 썼다.

지금도 기억난다. 어머니는 초등 4학년인 나와 초등 3학년인 여동생을 나란히 앉혀놓고 집안 사정을 설명하셨다. 우리 가족이 한 달 살아가는 데 필요한 최소 비용을 항목별로 갱지에 연필로 꾹꾹 눌러 쓰며 설명하셨다. 다행히도 일주일에 한 번 목욕탕에 가서 때를 벗길 수 있고, 한 달에 한 번 이발소와 미장원에서 머리를 자를 수 있었다. 어쨌거나 아껴 쓰고 또 아껴 써야 한다는 말씀이었다.

어느 날, 어머니께서 50권짜리 아동문고 전집 세트를 집에 들이셨다. 까마득히 먼 미래에나 다 갚을 산더미 같은 빚이 있는데 어머니는 대체 어디서 그런 용기가 났을까? 50권 전집 세트가 집에 들어오던 날, 아버지와 어머니는 언성을 높여 싸웠다. 이제 나도 사십 대 중반 두 아이 아버지가 되었기에, 경제적으로 곤궁할 때 자녀를 위해 전집 세트를 구입한다는 게 얼마나 고민할 문제인지 안다. 어쨌거나 그때 집에 들인 전집 세트가 물려지진 않았다.

'계몽사 소년소녀 세계문학전집'이었다. 빨간색 하드커버에 금박 제목이 새겨져 있고, 제목 아래로 뿔이 달린 사슴이 멋지게 그려져 있었다. 1권 『그리스 신화』(그때는 표기법이 지금과 달랐다), 2권 『호머 이야기』, 3권 『성서 이야기』, 4권 『이이솝 이야기』, 5권 『영국 동화집』, 6권 『셰익스피어 이야기』 등 세계 여러 나라 문학작품이 갱지에 명조체 활자로 박힌 책이었다. 책장을 넘기다 간간이 만나는 흑백 삽화도 꽤 멋졌다.

아! 10권, 20권이 아니라 50권이었다! 마음껏 탐험할 수 있는 50개의 바다와 하늘이 눈앞에 펼쳐진 셈이었다. 수년 동안 장장 50권의 세계 문학을 헤어지도록 읽고 또 읽었다. 하루는 프랑스 초원에서 은빛 갑옷을 입고 말을 타고서 불을 뿜는 용과 싸웠고, 다음날은 양탄자를 타고 중동의 사막을 날았다. 아침이면 아담과 에덴동산에서 거닐다가 저녁이면 하이디와 알프스 언덕을 뛰었다.

어느덧 세월이 흘러 결혼도 하고 두 딸을 낳았다. 서울에서 맞벌이를 하며 양가 부모님이 계신 대전과 밀양에 두 아이를 맡겨 놓고 길렀다. 우여곡절 끝에 큰아이 일곱 살, 작은아이 세 살이 되어서야 아이들을 데려올 수 있었다. 어떻게 다시 만난 아이들인가. 정말 많은 것을 해주고 싶었다. 아이들을 데려올 준비를 하며 아내와 많은 이야기를 나눴다. 우리는 의견이 일치했다. 아이들과 함께 책 읽는 문화에 젖어 살기로 했다.

초등학교 때 읽던 '계몽사 소년소녀 세계문학전집'은 여전히 내 영혼에 녹아 있다. 아내도 어렸을 때 읽은 책이 여전히 영혼의 안식처라고 한다. 힘들고 어려운 시기가 닥쳐도 어렸을 적 영혼 깊숙이 닻을 내린 인문고전은 영혼을 위해 아침이면 해를 띄우고 밤이면 별을 띄웠다. 세파에 움츠린 어깨를 활짝 펴라고 등 뒤로 바람을 불러 일으켰다. 책의 힘을 두 아이들에게도 일찌감치 맛보여 주고 싶었다.

2011년 아이들을 데려오면서부터 지금껏 TV에 일반 방송이나 케이블 방송을 연결하지 않고 오로지 DVD만 연결했다. 아내와 내가 사다 놓은 DVD를 제외하면 오로지 책만 볼 수 있는 환경에서 아이들을 길렀다. 요즘은 아이들이 노트북이나 스마트폰으로 유튜브를 자주 본다. 두 딸의 독서 습관이 계속 이어지기를 바라기에 늘 관심을 기울인다.

TV 선을 연결하지 않은 가장 중요한 목적은 독서 습관을 들이기 위해서였다. 저녁마다 주말마다 '바보상자'를 바라보느니 만화책을 읽더라도 책을 손에 잡는 문화를 만들자는 것이 아내와 나의 목표였다. 손만 뻗치면 책이 손에 잡히는 공간에서 두 아이들과 살고 싶었다. 방과 거실과 부엌을 책으로 가득 채웠다. 자연스레 책 읽는 환경이 만들어졌다.

책과 멀어진 아이가 다시 책을 읽게 하는 다섯 가지 방법

부모는 가족 독서모임을 꾸릴 의지가 충만한데, 자녀가 책에 흥미를 보이지 않으면 어떻게 해야 할까? 평소 독서하는 분위기가 조성되어 있지 않다면, 처음에는 여러 가지 불협화음이 생기기도 하고 힘이 빠지기도 할 것이다. 초등 저학년 때까지만 해도 책을 무척 좋아하던 아이가 고학년이 되면서 책을 읽지 않는 경우도 많다. 이런 경우에도 다시 독서 습관을 갖게 하려면 사전 작업이 필요하다. 천천히, 차근차근 한 단계씩 준비를 해나가면 어느 가정이나 배움의 공동체를 만들어갈 수 있다고 믿는다.

우선 최소한 하루 1시간은 거실에 자리 잡고 있는 TV를 끄자. 그리고 손에 든 휴대폰도 서랍에 넣어두자. 이제부터 새로운 집 안 분위기를 만들어보자.

중학생에게 책을 읽어주었더니

대부분의 엄마들은 초등 저학년까지 책을 읽어주고 그 이후에는 읽어주지 않는다. 나 또한 그렇게 생각한 적이 있었다. 독서 독립이 중요하다고 생각해 아이가 혼자 책을 읽게 되었을 때무척 기뻐했다. 하지만 독서운동가 짐 트렐리즈의 저서 『하루 15분, 책 읽어주기의 힘』을 읽고 생각이 바뀌었다.

십 대에게 성공적으로 책을 읽어주기 위해서는 아이의 아침식사시간이나 간식 시간을 이용하는 것이 좋다. 제이미와 엘리자베스가 십 대였을 때는 두 아이가 번갈아가며 식탁을 차리고 설거지를 하게 했다. 그 애들이 설거지를 하는 동안 나는 잡지나 신문, 시집에서 뽑은 글을 읽어주었다. (중략)

읽을거리가 꼭 책이 아니어도 좋다. 책을 읽어주는 궁극적인 목표는 아이와 독서 경험 사이의 긍정적인 연결고리를 만드는 것이기 때문이다. 신문 칼럼을 읽어주다 보면 아이를 일간지 독자로 만들 수도 있다. 아이가 "어제 뉴욕타임스 논설 읽으셨어요? 굉장했죠?" 하고 묻기라도 하는 날이면, 우리가 하는 일이 제 궤도에 들어섰음을 확신하게 될 것이다.

이처럼 짐 트렐리즈는 자녀가 중학생일 때도 책을 읽어주었다. 아침 시간에 짧은 기사를 읽어주어 자녀 스스로 일간지를 읽는 사람으로 성장하도록 도왔다. 읽어주기는 읽는 법을 가르치는 유일한 방법이기에, 중학생 자녀가 책을 읽기를 원한다면 책의 한두 쪽 정도를 읽어주라고 제안한다.

나도 아침에 책 읽어주기를 시도해보았다. 하지만 바쁜 아침 시간에 책을 읽어주는 일은 현실적으로 쉽지 않았다. 중학생이 된 아이에게 어떻게 책을 읽어줄지 고민하다가 미국 로렌스 아카데미의 교사 로라 무어의 사례를 따라 해보기로 했다. 로라는 영어 수업 시간에 조명을 어둡게 하고 학생들에게 책을 읽어주었다. 과거에 문학을 좋아했던 학생들과 문학을 처음 접하는 학생들 모두 문학의 세계로 빠져들었다. 나도 그녀처럼 중학생 큰아이가 잠자리에 들면 조명을 어둡게 하고 책을 읽어주었다. 아이는 이 시간을 좋아했다.

큰아이가 중학교 1학년이던 겨울방학에 『신화의 힘』(조지프 캠벨 저, 이윤기 역, 21세기북스)을 잠자기 전에 읽어주었다. 한 권을 완독하는 데 2주가 걸렸다. 전날 들은 내용으로 다음날 대화를 하고 주말에는 독서토론을 했다. 나 혼자 『신화의 힘』을 읽었을 때와 베드타임 스토리로 『신화의 힘』을 중학생 아이에게 읽어줄 때 느낌이 아주 달랐다. 눈으로 읽고 소리 내어 읽고 내 목소리를 귀로 들으며, 책 전체를 구석구석 빈틈없이 여행하는 느낌이 들었다. 중학교 1학년이 『신화의 힘』을 혼자서 읽기는 어려운 일이다. 엄마의 목소리로 들으며 질문을 떠올리고 상상하며 함께 읽기의 여정을 따라왔기에 완독이 가능했다.

큰아이가 중학교 2학년일 때 『리스본행 야간열차』(파스칼 메르시어, 들녘)를 읽어주었다. 중학교 1학년 때 『신화의 힘』을 읽어주었을 때와 달리 도입부가 지나자 아이가 직접 읽기 시작했다.

자녀 수준을 넘어서는 책을 자녀와 함께 나누고 싶다면, 잠자기 전에 읽어주자. 중학생 자녀도 베드타임 스토리를 좋아한다. 완독할 가능성이 크다. 책 읽기와 멀어진 중학생 자녀에게 잠자기 전에 책을 읽어주는 시간을 가져보자. 아이의 변화를 느낄 수 있을 것이다.

매일 책 읽는 시간을 확보한다

독서가 습관이 되도록 매일 책 읽는 시간을 정한다. 큰아이가 중학생이 되고나서 우리 집 독서 시간은 매일 밤 10~11시로 정했다. 매일 밤 온 가족이 각자 읽고 싶은 책을 읽는다. 중학생 큰아이도 시험 기간 2주간을 제외하고 매일 책을 읽는다.

나는 부모와 아이가 함께 책을 읽는 시간을 가정에서 갖는 것이 가장 좋다고 생각한다. 하지만 형편상 여의치 않은 경우가 있을 것이다. 책 읽는 시간을 따로 내기 어렵거나 여건이 안 된다면 학교에서 운영하는 아침 인문독서 프로그램에 참여하는 것도 방법이다. 매일 아침 함께 책을 읽기 때문에 자연스레 독서 습관을 갖게 된다. 매일 아침 독서 시간을 확보할 수 있다는 장점이 있다.

큰아이가 다니는 중학교에서는 특색 교육활동으로 세 가지 독서 활동을 시행하고 있다. 프로그램 내용을 간단히 소개한다.

- ▸ 모두가 함께하는 아침독서: 매일 수업을 시작하기 전에 모든 학생이 각자 읽고 싶은 책을 읽는 시간을 갖는다.
- ▸ 학부모와 함께하는 인문독서: 신청한 학생들이 학교 도서관에 모여 사서선생님과 학부모 봉사자의 관리 하에 매일 아침 8시부터 8시 40분까지 40분간 인문독서를 한다. 학기말에는 독서 기록을 전시하는 행사도 한다. 신청 학생이 100명이 넘는 인기 프로그램이다.
- ▸ 교사와 함께하는 교과독서 및 멘토링: 수업 시간에 교사의 재량으로 교과 연계 독서 활동을 한다.

다행히 아이가 다니는 중학교는 교장선생님의 전폭적인 지원으로 '아침독서' 활동이 활발하게 이루어지고 있다. 전교생이 책을 읽는 학교를 지향한다.

'2013년도 국민독서실태조사'에 따르면, 수업 전에 아침독서 시간이 있다는 응답이 69.6%로 과반수가 넘었다. 또한 아침독서 시행 학교 학생 중 아침독서가 독서 습관에 '도움이 된다'는 의견은 51.0%로, '도움이 되지 않는다'는 의견(15.1%)보다 3배 이상 높게 나타났다. 연간 독서량이 많은 학생일수록 학교에서 '아침독서를 시행한다'는 응답 비율이 높게 나타나 아침독서와 학생들의 독서량이 밀접한 상관관계가 있음을 보여주었다.(출처: 행복한아침독서 홈페이지)

모든 학교에서 독서 프로그램을 운영하진 않을 것이다. 자녀가 다니는 학교에 독서 프로그램이 없다면, 학부모 동아리를 만들어 시범적으로 운영해보기를 권한다. 독서 지도는 교사의 노력만으로는 역부족이다. 학부모 봉사자와 교사가 함께한다면 학교에 책 읽는 문화를 만들 수 있을 것이다.

인문고전의 세계에 흠뻑 빠지게 만드는 단계적 접근

인문고전을 읽기란 어려운 일이다. 책 읽기를 좋아하는 아이라도 인문고전을 읽어내기는 쉽지 않다. 단계적인 접근이 필요하다. 인문고전 속 문장을 읽고 생각하는 힘을 기르기 위해 '비계'가 필요하다.

자녀에게 학습만화를 금지하라고 조언하는 독서 전문가가 많다. 실제로 강연장에서 자녀가 학습만화를 읽도록 허용해야 할지 말지에 대해 질문하는 사람들을 자주 만난다. 독서운동가 짐 트렐리즈는 만화 읽기가 아이들의 혼자 읽기를 돕는다고 말한다. 그림책과 학습만화, 청소년 입문서는 훌륭한 '비계' 역할을 한다. 우리 집 두 아이도 이러한 비계의 도움을 받았다. 32개국 21만 명의 아이들을 평가한 IEA(국제교육협회) 조사에서 읽기 성적이 가장 높았던 핀란드의 경우, 열 살짜리 아이들이 가장 많이 보는 책이 바로 '만화'라고 한다. 핀란드 아이들의 59%가 거의 매일 만화책을 본다는 것이다.

수준에 맞는 책 읽기로 시작하자. 그림책과 잘 만들어진 학습만화, 청소년 입문서와 해설서가 기꺼이 디딤돌 역할을 해줄 것이다. 우리 가족은 본격적인 인문고전 읽기에 앞서 인문고전을 이해하는 데 도움이 되는 책들을 적극 활용했다. 일연의 『삼국유사』를 읽으려고 할 때는 원전을 읽기 전에 관련 그림책과 학습만화를 읽으면서 준비를 했다. 청소년용 입문서와 해설서를 여러 권 읽으며 문장을 읽고 생각하기 연습을 충분히 한 다음에, 원전을 풀이한 책을 읽었다.

읽고 싶은 인문고전이 있는데 읽기가 너무 어렵다면, 먼저 그림책과 학습만화, 청소년 입문서를 단계적으로 읽기를 권한다. 처음 접하는 책에서 재미를 느낄 때 아이는 자연스럽게 고전의 세계로 흠뻑 빠져들게 된다. 이러한 단계적 접근은 아이의 독서력이 자라도록 도와준다.

도서관 강좌를 활용한다

도서관에서 운영하는 인문학 강좌를 들어보자. 4월에는 도서관 주간, 5월에는 가족의 달 문화 강좌, 9월에는 독서의 달 문화 강좌, 연중 인문독서아카데미와 길 위의 인문학 등 도서관에서 주관하는 강좌는 매우 많다. 강좌를 먼저 듣고 관련 도서를 읽다 보면, 어려워서 덮어 두었던 인문고전을 다시 펼쳐 완독할 수 있게 된다. 『열하일기』를 그렇게 읽었다.

　2013년 파주 한빛도서관에서 열린 유범상 교수의 '이상이 일상이 되도록 상상하라: 인문학이 묻고 답하다' 강좌는 우리 가족 인문독서와 토론의 길을 열어주었다. 유범상 교수는 '누군가 달을 보라고 하면 달을 보지 말고 달을 보라고 한 자를 보라'는 미셸 푸코의 말로 강연을 시작해 '내 생각은 내 것인가?', '나는 생각하는 존재인가? 생각 당하는 존재인가?', '내 욕망은 내 것인가?', '내 욕망은 누구의 것인가?' 등의 질문으로 유도했다. 질문에 대한 답을 하는 과정에서 내 생각과 욕망이 내 것이 아님을 깨달았다. 생각의 주체이자 삶의 주체가 되기 위해 책을 읽고 토론을 하며 나와 나를 둘러싼 세상을 성찰

해보자고 했다.

2017년 파주 교하도서관에서 진행한 표정옥 교수의 '신화적 상상력에 비쳐진 한국문학' 강좌로 『삼국유사』 속 이야기가 한국 근현대 문학에 어떻게 구현되는지 알 수 있었다. 신화와 문학 함께 읽기의 가능성을 모색할 수 있었다.

큰아이는 2015년 파주 중앙도서관에서 주관한 유범상 교수의 '문학작품을 통해 본 자본주의와 그 속의 사람들' 강연이 인상 깊었다고 한다. 당시 초등 4학년이었던 큰아이는 엄마 따라 도서관 강연에 참석했다가 『피노키오』, 『올리버 트위스트』, 『로빈슨 크루소』 등 자신이 읽었던 작품 속 배경을 자세히 들여다보게 되었다. 강연을 들은 후에 아이는 『로빈슨 크루소』(다니엘 디포, 시공주니어)를 다시 읽고, 부부는 '프라이데이' 입장에서 다시 쓴 『방드르디, 야생의 삶』(미셸 푸르니에, 문학과지성사)을 읽었다.

중학교 1학년 겨울방학에 아이는 고양시 대화도서관에서 김경윤 작가가 진행한 '철학하는 청소년, 생각의 날개를 달자' 강연을 매우 재미있게 들었다. 『박지원, 열하로 배낭여행 가다』(김경윤, 탐)를 읽고 박지원의 우정에 대해 이야기를 나누고, 『묵자·양주, 로봇이 되다』(김경윤, 탐)를 읽고 묵자와 양주를 비교하며 미래에 대해 상상하는 등 철학이 현실에 어떻게 영향을 미치는지 구체적으로 생각해볼 수 있었다고 한다.

영화, 만화, 신문은 훌륭한 도구

마르크스의『자본론』을 읽고 나서 가족 독서토론을 시작할 무렵
이었다. 갑자기 의문이 들었다. 왜 지금 마르크스를 읽어야 하
는가? 1800년대에 쓰인 마르크스의 저작을 우리 집 식탁에 소
환하는 이유는 무엇인가? 이에 대한 답을 찾기 위해 마르크스와
관련한 영화와 만화, 에세이, 신문기사 등 다양하게 읽기를 시
도했다.

먼저 영화 〈청년 마르크스〉를 보면서 마르크스의 생애와 시
대적 배경을 돌아보고 마르크스가 꿈꾸었던 세상을 상상해보
았다. 만화『마르크스 자본론』(최성희 글, 손영목 그림, 주니어김영
사)을 읽고 자본주의 경제의 상품 생산과 교환, 분배가 이루어
지는 원리에 대해 알아보았고, 만화『마르크스·레닌주의』(김성
진 글, 주경훈 그림, 주니어김영사)를 읽고 레닌에 의해 계승된 마르
크스주의 사상이 각 나라에 어떤 영향을 끼쳤는지 살펴보았다.
만화『슘페터 자본주의 사회주의 민주주의』(손기화 글, 김강섭 그
림, 주니어김영사)를 읽고 18세기 슘페터가 미리 예견한 자본주의
의 본질과 21세기 미래 모습에 대해 알아보았다.

청소년 입문서『마르크스의 자본, 판도라의 상자를 열다』(강신
준, 사계절)를 읽고 노동자가 잘사는 세상이 되려면 어떻게 해야
하는지 생각하는 시간을 가졌다. 『시골 빵집에서 자본론을 굽

다』(와타나베 이타루, 더숲)를 읽고 자본론이 개인의 삶을 어떻게 바꾸었는지 알 수 있었다. 경향신문에 실린 유종일 교수의 칼럼 '개츠비곡선과 장벽사회'를 읽고 현대 자본주의 사회의 문제점을 돌아보는 시간을 가졌다. 이러한 다양한 접근은 마르크스의 『자본론』을 이해하는 데 도움이 되었다.

중학생도
책 권해주면
좋아한다

교복과 여관 또는 여관과 교복, 어울리려야 어울릴 수 없는 조합이다. 하지만 나(김정은)는 중고등학교 6년 내내 이 어울리지 않는 조합과 함께했다. 내가 다녔던 학교는 부산에서 8학군이라 불리는 교육의 중심지에 있었다. 우리 집은 학교에서 버스로 한 시간을 가고 또 삼십 분을 걸어야 하는 변두리에 있었다. 우리 가족은 외진 동네 낡은 여관 건물 한 귀퉁이에 세 들어 살았다.

왜 하필 여관 건물이었을까? 80년대 노동운동을 하신 아빠는 마땅한 직장을 구하지 못했고, 설상가상으로 엄마의 쌈짓돈을 맡아 사업을 하던 외삼촌의 사업이 망한 터였다. 우리 가족은 이사를 거듭하다가 도시에서 마지막 거주지로 여관 건물을 선택했다. 일찍 시골로 들어갈 수 있었지만, 공부 잘하는 딸들을 위해 부모님은 도시에서의 삶을 조금 더 연장했다. 어찌됐건, 이른 아침 여관 건물에서 나와 늦은 밤 여관 건물로 들어가는 일은 너무나 끔찍했다. 교복을 입은 채로.

　장정일의 『햄버거에 대한 명상』은 내 사춘기 영혼을 사로잡은 첫 시집이다. 소년원 출신, 중졸의 학력, 여호와의 증인 신도 등 시인 장정일의 이력은 마치 교복과 여관의 조합처럼 시인과 어울리지 않았다. 특히 중졸의 학력이 중학생이던 내 시선을 잡아끌었다. 학벌사회 대한민국에서 중졸의 시인은 무슨 말을 할까? 자신의 삶을 고스란히 담은 살아 있는 시의 문장이 좋았다. 나도 시인이 될 수 있을까? 교복과 여관의 시기, 그의 시를 읽으며 나는 시인이 되기를 꿈꾸었다.

　난관을 모면하기 위하여 무엇인가 시도한다는 것
　그것은 얼마나 가슴 벅찬 일인가
　내일 굶주린다 해도, 겨울에 따뜻해지는 일은
　꿈꾸는 일보다 중요하다.
　처음보다 질긴 채찍으로 바람은 내 등을 후려치지만
　난로가 있어 기름통을 가지고
　밤늦게 걸을 수 있는 자는 또 얼마나 행복한가?
　어느 틈에서인지 한 방울씩의 석유가 새고
　몇 개 전주 너머의 너의 방이 별보다 밝게 반짝일 때

그때인가. 나는 끝없이 걷고 싶어졌다.

끝없이 걸어,

동쪽에서 떠오르고 싶었다.

대지를 무르게 녹이는 붉은 해로 솟아나고 싶었다.

그러면 사람들이 뭐라고 할까. 복숭아 씨 같은 입을 딱딱 벌리며

무서운 대머리다, 불타는 기름통이다.

아아 매일 아침 내 가슴에 새겨지는 희망의 시간들을

무어라고 부를까.

— '석유를 사러' 중에서

내 삶에 동력이 되어준 그 시절의 책

중학생은 한 편의 시로 시인과 대화를 주고받았다.

　나: 삶에 난관 같은 건 없으면 좋겠어.

　시인: 난관을 모면하기 위해 무언가 시도하는 건 가슴 벅찬 일
　　　이야.

　나: 배가 고픈 삶을 살고 싶지 않아.

　시인: 내일 굶주린다 해도 오늘을 따뜻하게 보내는 일은 꿈꾸
　　　는 일보다 중요해.

나: 꿈이란 게 뭘까?

시인: 대지를 무르게 녹이는 붉은 해로 솟아나는 일이지.

나: 내가 그럴 수 있을까?

시인: 걸어, 거센 바람이 네 등을 후려치더라도 계속. 반짝이
　　　는 별을 보며 끝없이 걷는 거야.

그때 시인과 나누었던 대화를 지금도 기억한다. 일상이 온통
모순으로 가득했던 나의 십 대, 매일 밤 시가 따뜻한 난로가 되
어주었기에, 다음날 아침을 '붉은 해로 솟아나는' 희망으로 시
작할 수 있었다. 시인 장정일이 '개미가 사과껍질에 들러붙듯
천천히 핥아' 삼중당 문고를 읽었던 것처럼, 나는 밤하늘 반짝
이는 별 같은 책을 한 권 한 권 찾아 읽었다. 그때는 몰랐지만 지
금 돌아보면, 그때 읽었던 책들이 내 삶에 동력이 되어 주었다.

우리 부부가 중학교 때 읽은 책은 영혼 깊숙이 자리 잡고 있었
다. 교과서의 단편적인 지식은 시간이 지나면 잊어버리기 마련
이지만, 어릴 적에 읽은 좋은 책 한 권은 두고두고 되살아나 삶
의 위기에서 다시 빛을 발했다. 우리 부부가 십 대 때 책과 만난
좋은 기억은 지금 온 가족이 함께 책 읽기를 실천하는 데 동력이
되었다.

어색하지만, 부모의 책장을 아이에게 소개하다

하지만 초등학생이나 중학생이 스스로 읽을 책을 선정하고 지속적으로 읽어나가기란 쉬운 일이 아니다. 학교 선생님이나 부모가 이끌어주고 도와주어야 한다.

중학생 시절을 떠올리면 생각나는 사람이 있다. 큰아이가 중학생이 되고나서 더욱 그리운 나의 중학교 1학년 담임선생님. 막 교생 실습을 마치고 처음 담임을 맡은 이십 대 중반의 열정 넘치는 국어 교과 선생님이었다. 선생님은 그 시절 나에게 한국 근현대 소설을 한 권씩 빌려주셨다.

염상섭, 현진건, 이태준, 채만식, 김유정, 이효석, 이상, 김동리, 나도향, 황순원, 김승옥, 하근찬……

"염상섭! 염상섭을 읽어야 돼!"라고, 특히 염상섭의 작품을 강조하시던 선생님의 목소리가 들리는 듯하다. 선생님이 빌려준 책을 읽고 나서 나는 헌책방에서 그 책을 사서 나만의 비밀책장에 꽂았다.

중학교 1학년 여름방학이 지나자, 선생님은 이제 세계 문학을 읽어야 할 때라고 하면서 헤르만 헤세의 『지와 사랑』(지금은 『나르치스와 골드문트』), 앙드레 지드의 『좁은 문』, 도스토옙스키의 『죄와 벌』 등을 권했다. 한국 문학과 달리 세계 문학은 읽기 어려웠다. 발음하기 어려운 인물들의 이름과 낯선 지명이 나를 주눅들게 했고, 문화에 대한 배경 지식이 전무했기에 책 속 활자만 읽어 낼 뿐 의미를 파악하지 못했다. 선생님께서 "어디까지 읽었어?" 라고 묻기라도 할까봐 슬금슬금 선생님 눈빛을 피하기도 했다.

평소에는 벽지나 다름없었던 엄마의 책장이 눈에 들어왔던 것 도 그 무렵이다. 세상에, 엄마의 책장에 헤르만 헤세가 있었다! 루이제 린저의 『생의 한가운데』와 네루의 『세계사 편력』, 박완서 의 소설 몇 권… 이사를 여러 번 하면서 줄이고 줄였지만, 마지 막까지 엄마 곁에 남은 책들이 내 눈에 들어왔다. 태어나 줄곧 같은 방을 썼지만 무슨 책을 읽는지 관심 없었던 고등학생 언니 의 책장을 그때서야 유심히 들여다보았다. 세상에, 문학에는 1 도 관심이 없어 보였던 이과 성향 언니의 책장에 시집이 꽂혀 있 었다! 내 인생 첫 시집, 장정일의 『햄버거에 대한 명상』도 그때 언니 책장에서 처음 만났다. 언니도 시를 좋아했던 걸까?

교복과 여관의 시기, 엄마와 언니에게 그 책들은 어떤 의미였 을까? 궁금했지만 실제로 물은 적은 없다. (여태까지!) '가족끼리 책 이야기를 한다고?' 생각만 해도 온몸이 오글거릴 만큼 어색 했다. 가끔 고기가 먹고 싶다거나 문제집을 사야 한다는 말은 했 지만 헤르만 헤세나 장정일에 대해서는 결국 한마디도 하지 못 했다. 그때 우리 가족은 가까이에서 반짝이는 존재를 서로 알아 차리지 못하고 머나먼 별들을 좇으며 각자의 방식으로 독서를 이어간 것이다.

중학교 졸업식 날, 담임선생님은 내게 이미륵의『압록강은 흐른다』를 선물했다. 89년 범우사 판 초판 1쇄본『압록강은 흐른다』를 지금도 소중하게 간직하고 있다. 내가 읽고 남편이 읽고 큰아이도 읽었다. 지금껏 나의 '인생 시집'이 장정일의『햄버거에 대한 명상』이라면, 나의 '인생 소설'은 이미륵의『압록강은 흐른다』다. 중학생이었을 때 처음 만난 이 책들은 읽을수록 더 맛이 난다.

중학생 큰아이를 보면서 자주 교복과 여관의 시기가 떠올랐다. 좋은 선생님과 좋은 책 덕분에 그 시기를 떠올리면 지금도 기분이 좋아진다. 그리고 나는 안다. 중학생도 책 권하는 걸 좋아한다는 사실을. 아이에게 관심을 갖고 그 아이가 처한 상황에 공감하며 그 아이가 좋아할 만한 책을 권하는 경우라면 말이다.

인간의 몸은 태어날 때 한 번, 사춘기에 또 한 번, 크게 두 번 성장한다. 하지만 인간의 정신은 개인의 노력에 따라 시기에 상관없이 변화 발전을 거듭한다. 인생에 지침이 되는 소중한 책을 내 아이들과 함께 나누고 싶었다. 어색함을 걷어내고 아이에게 책장의 책들을 소개해주기로 마음먹었다. 중학생 아이와 사십 대 중반의 부부가 함께 책을 읽는다. 이 시간이 쌓이는 만큼 우리는 조금씩 더 성장할 것이다.

원전과 해설서, 무엇이 좋을까

인문고전이 좋다는 건 알겠다. 그런데 중학생이 어른도 읽기 어려운 인문고전을 과연 읽을 수 있을까? 이런 고민과 질문을 하는 부모들이 많다. 물론 중학생도 인문고전을 읽을 수 있다. 부모나 교사가 잘 이끌어주면 중학생도 인문고전을 읽는 재미에 푹 빠질 수 있다.

그렇다면 어떻게 시작할 것인가? 아이들에게 인문고전을 권할 때, '원전을 읽혀야 한다' 라는 의견과 '쉽게 설명한 해설서를 읽혀야 한다' 라는 두 가지 입장이 팽팽하게 대립하고 있다.

나의 중학교 1학년 시절을 돌아보면 한국 문학은 읽고 이해하는 수준이었다. 그러나 세계 문학은 역사와 문화에 대한 배경지식이 없어 '흰 것은 종이요, 검은 것은 글자' 수준을 넘지 못했다. 나는 좌절했고 한동안 나의 독서 수준은 한국 문학에 멈쳐 있었다.

　우리 아이들의 독서가 나처럼 일정 수준에서 멈추지 않도록 하기 위해 어떻게 해야 하나 고민했다. 이해 가능한 수준을 벗어난 독서, 즉 책 속 활자만 읽어내는 독서는 진정한 독서가 아니라는 결론에 도달했다. 아이들의 어휘나 배경 지식을 배려하여 세심하게 만들어진 해설서를 찾아 읽혀야겠다고 결정했다. 해설서의 수준을 조금씩 높이다가 원전 읽기에 도전하는 방식으로 자유학년 인문독서의 큰 그림을 그렸다.

이토록 유익한 만화라면

파업 기간 동안 월급을 받지 못했기에 책은 주로 도서관에서 빌려 읽었다. 읽으면 읽을수록 인문고전의 힘을 뼈저리게 느꼈다. 두 딸들에게도 인문고전의 힘을 알려주고 싶었다. 문제는 파업 중이었기에 돈이 없었다. 아이들 책을 사 주고 싶어도 살 수 없었다. 성탄절을 며칠 앞두고 파업은 끝났고, 밀린 월급의 대부분을 받았다. 목돈을 손에 쥐자마자 아이들 책을 사러 서점으로 달려갔다. 당시 큰딸은 초등학교 1학년 겨울방학을 맞고 있었고 작은딸은 네 살이었다.

　파주에 사는 덕에 출판단지 내 여러 서점을 드나들며 구입할 책을 검토했다. 그때 주니어김영사 매장에서 '서울대 선정 만

화 인문고전 50선 세트'를 만났다. 한눈에 반했다. 어른도 읽기
힘든 인문고전을 청소년이 쉽게 읽을 수 있도록 학습만화로 풀
어낸 역작이다. 최근에 10권이 더 나와서 총 60권이 되었다. 동
서양 고전뿐 아니라 한국의 인문고전도 두루 다루고 있다.

물론 마음에 들지 않는 점이 없는 것은 아니다. 제목에 적힌
'서울대'라는 세 글자다. 청소년 교육을 망치는 '일류대병'이
연상되기 때문에 눈살이 찌푸려진다. 그러나 책에 담긴 내용과
기획 방향이 참으로 훌륭하기에 용서하련다.

새 책을 집에 들이기에 가격이 고민된다면 중고책방을 찾아
보길 권한다. 가족들과 함께 파주 출판단지에 위치한 '중고책
방 이가고서점'을 자주 드나드는데, 인문고전 학습만화 50권
중고책 세트가 자주 눈에 띈다.

초등학교 저학년에게 조금 무리인 듯싶어 고민도 했지만, 우
선 아내와 나부터 읽어보겠다는 마음으로 구입했다. 주니어김
영사의 '제대로 된 세계대역사' 학습만화 30권 세트를 그때 함
께 구입했다. 인문고전을 이해하기 위해 인류 역사를 읽는 건
필수다. 세계대역사 학습만화도 구성과 기획이 마음에 쏙 들었
다. 요즘은 책이 추가되고 제목도 조금 바뀌어서 '세계 석학들
이 뽑은 세계대역사 50사건' 48권 세트로 나온다.

'인문고전 50선 세트'와 '세계대역사 30권 세트'를 집에 들

이고 나서 아이들이 거실이나 식탁에서 책 읽는 모습을 보며 울컥했다.

"나 이제 죽어도 여한이 없다!"

눈시울을 붉히며 내가 내뱉었던 이 말을 아내는 지금도 기억한다. 두 딸 모두 초등학교 저학년 때부터 이 책들을 읽고 또 읽었다. 두 딸은 인문고전 만화와 세계역사 만화를 펼쳐 들고 집안 어디서나 읽었는데, 특히 화장실에서 읽는 걸 좋아했다. 지금 돌이켜 생각해도 그때 이 책들을 사서 집에 들이길 참 잘했다.

큰아이가 초등학교 6학년, 작은아이가 초등학교 2학년 겨울방학을 보내고 있을 때, 이 두 세트를 딸아이 방 책장에서 꺼내거실 식탁과 부엌 아일랜드식탁 위에 올려놓았다. 중학생이 될 큰딸과 초등학교 3학년이 될 작은딸에게 제대로 인문고전을 접하게 하려는 목적이었다. 아이들은 지난 5년간 수도 없이 이 책을 되풀이하여 읽었다. 그런데도 식탁 위에 책들을 올려놓자 마치 처음 읽는 것처럼 책장 사이로 얼굴을 파묻고 다시 읽었다. 물론 화장실에서도 자주 읽는다.

놓치기 아까운 중학생을 위한 인문고전 해설서

자녀의 성장에 맞추어 옷과 신발을 바꾸어 주듯, 책도 학습만화에서 줄글책으로 자연스럽게 옮겨가게끔 유도해야 한다. 중학생이 되어 일 년 동안 자유학년을 보낼 큰아이를 위해 청소년용 인문고전 도서를 찾았다. 몇 년 전에 샀던 '서울대 선정 인문고 전 50선' 학습만화의 연장선에서, 이제는 청소년 눈높이로 재편집된 줄글책을 찾아야 했다.

『소크라테스의 변명』, 플라톤『국가』를 청소년용으로 편집한 책을 여럿 찾아 놓고 천천히 비교했다. 풀빛출판사의 '철학창고' 시리즈와 사계절출판사의 '주니어클래식' 시리즈가 최종 후보에 올랐다. 두 시리즈 모두 훌륭했지만『마르크스의 자본, 판도라의 상자를 열다』(강신준, 사계절),『구약성서, 마르지 않는 삶의 지혜』(구미정, 사계절),『신약성서, 새로운 삶의 희망을 전하다』(박경미, 사계절) 등 이미 세 권의 책을 구입해 감탄하며 읽어 본 주니어클래식이 더 눈에 들어왔다. 중고서점에서 사계절출판사의 주니어클래식 시리즈를 쓸어 모으고, 중고서점에 없는 책은 파주 출판단지 사계절출판사 매장에서 구입했다.

학습만화로 재구성한 인문고전으로 주니어김영사에서 제작한 '서울대 선정 인문고전 50선'을 선택했다면, 줄글책으로 재구성한 인문고전 입문서는 사계절출판사의 주니어클래식 시리즈를 선택했다. 현재 15권까지 출간됐다.

사계절출판사의 주니어클래식을 만난 건 시리즈가 아니라 낱권이었다. 강신준 교수의 책을 찾다가『마르크스의 자본, 판도라의 상자를 열다』를 읽었고 그때 처음 주니어클래식 시리즈를 알았다. 강신준 교수는 고 김수행 교수와 더불어 한국을 대표하는 마르크스 『자본론』 전문가다. 마르크스를 처음 만나는 책으로 이만한 책이 또 있을까 싶다. 청소년 눈높이에도 좋고 성인용 해설서로도 손색이 없다.

두 번째로 만난 주니어클래식 시리즈는 박경미 교수의 『신약성서, 새로운 삶의 희망을 전하다』와 구미정 교수의 『구약성서, 마르지 않는 삶의 지혜』다. 아내와 두 딸에게 보여줄 목적으로 성서를 쉽게 풀어 쓴 책을 찾다가 발견했다. 성서 해설서만큼 흔한 것도 없다. 그러나 대부분은 교회에 다니는 사람들만 이해할 수 있는 용어를 사용하기에 교회 문화에 낯설거나 성서를 처음 접하는 이들이 읽기가 대단히 곤혹스럽다. 박경미 교수와 구미정 교수는 교회에서만 사용하는 용어가 아니라 일상 언어로 청소년 눈높이에 맞추어 성서를 풀이하여 기독교 문화를 처음 접하는 이들도 쉽게 이해할 수 있다. 더불어 성서의 본래 의미를 잘 드러내고 있다. 교회에 다니는 사람이든 아니든 성서라는 책이 대체 어떤 내용인지 궁금하다면 강력 추천한다. 여성의 눈으로 읽는 성서 해설이라는 점에서도 마음에 쏙 든다.

큰딸이 주니어클래식 시리즈 중 가장 먼저 잡은 책이 『갈릴레오의 두 우주 체계에 관한 대화, 태양계의 그림을 새로 그리다』였다. 두 번째로 본 책이 『소크라테스의 변명, 진리를 위해 죽다』였다. '변명'이라는 제목이 신기해서 읽었다고 한다. 아이가 『소크라테스의 변명』을 읽는 모습을 보고 가족 토론을 제안했다.

주니어클래식 시리즈의 『소크라테스의 변명, 진리를 위해 죽다』는 참으로 명작이다. 저자인 안광복 선생은 고등학교 철학 교사이면서 고대 그리스 철학을 전공한 학자이기도 하다. 청소년을 위한 철학 책을 여러 권 썼는데 대부분 믿고 읽을 만하다.

2
....
함께 읽으면 즐겁다

이 시대 학교 교육은 학생들에게 등급을 부여한다. 갑돌이는 1등급, 갑순이는 3등급이란다. 소나 돼지에게 등급을 매기는 이유는 등급에 따라 차별적인 가격을 받기 위해서다. 3등급 고기는 1등급 고기에 비해 저렴하다. 학생들에게 등급을 매기는 이유는 무엇인가? 3등급 갑순이가 1등급 갑돌이보다 값이 적게 나간다는 뜻인가?

인간은 하나의 우주다. 값을 매길 수 없는 존재다. 나는 내 아이들이 자기 자신을 우주로 여기길 바란다. 자기 자신이 별처럼 귀중하다는 사실을 매 순간 잊지 않길 바란다. 비난과 칭찬에 흔들리지 않고, 소리에 놀라지 않는 사자처럼, 그물에 걸리지 않는 바람처럼, 진흙에 더럽히지 않는 연꽃처럼, 무소의 뿔처럼 자신의 길을 가길 원한다. 그래서 어릴 적부터 인문고전과 친구로 지내길 원했다. 인문고전을 통해 인류의 지혜를 밝혀온 구루들과 친구처럼 지내길 원했다.

장자는 쓸모없음의 쓸모를 강조했다. 장자의 무용지용(無用之用)은 인문고전의 쓸모를 설명할 때 딱 들어맞는다. 인문고전을 읽으며 자란 영혼은 세상이 자신에게 어떤 등급을 매기더라도 자신의 영혼 저 깊은 곳에서 흔들리지 않는 안식처를 찾아낼 것이다. 마음껏 질주할 수 있는 광활한 대지와 푸른 하늘을 자신의 영혼에서 발견해낼 수 있을 것이다. 발바닥을 땅에 디디고 살아야 하는 운명으로 태어났지만 원하기만 한다면 얼마든지 달릴 수 있고 날아오를 수 있다는 가능성을 가슴에 품고 살아갈 것이다.

인문고전을 함께 읽고 나누는 배움의 공동체는 가정에서부터 시작해야 한다. 상식이 있는 부모라면 자신의 자녀를 대하면서 등급과 순서를 매기기보다 자녀의 가능성과 가치 발견에 주목한다. 인문고전을 읽고 나누기를 우리 집 식탁에서 시작하자.

가정에서 인문고전을 읽고 나누기 위한 방법을 5단계로 구조화했다.

▶ 1단계

청소년이 읽기 좋게 재편집된 인문고전을 찾는다. 책 찾는 과정을 혼자 고민하지 말고 가족 모두 함께 참여한다. 도서관과 헌책방을 가족과 함께 순례한다.

▶ 2단계

집에 인문고전을 깔아놓는다. 방과 거실, 손닿는 곳마다 책으로 도배한다. 가장 집중할 곳이 식탁이다.

▶ 3단계

자녀에게 시간을 주고 기다린다. 절대 강요해서는 안 된다. 기다린다. 자녀가 여러 책을 만지작거리다 문득 특정 책에 집중적인 관심을 보일 것이다.

▶ 4단계

가족 토론 시간을 정한다. 모두가 한자리에 모일 수 있는 일요일 저녁이 좋다. 토론 주제로 삼을 책을 선정해야 하는데, 일단 자녀에게 최근에 어떤 책을 읽었는지 물어본다. 자녀가 관심을 보인 인문고전이 있다면 그 책으로 정한다. 이제 토론 전까지 엄마와 아빠도 읽고 공부한다. 청소년용 버전도 좋고 전문가가 해설을 단 책도 좋다. 인터넷 검색은 기본이다. 자녀 덕에 부모가 공부할 기회를 얻는다.

▶ 5단계

미리 약속한 시간에 식탁에 모여 가족 토론을 진행한다. 책을 읽으며 자신이 느낀 것, 생각한 것을 솔직하게 이야기하는 게 가장 중요하다. 좋은 점, 싫은 점, 공감 가거나 가지 않는 점 등등 무엇이든 좋다. 토론한 내용은 반드시 기록으로 남긴다.

처음에는 엄마와 아빠가 기록을 한다. 아이가 토론에 재미를 붙이면 아이에게 독서토론 기록을 맡긴다. 가족들이 돌아가면서 기록을 맡는다. 토론한 내용을 기록으로 남기면 책을 읽고 대화를 나눈 경험이 오래도록 기억에 남는다.

중학생을 위한
책을 고르는
3가지 기준

2017년 겨울, 큰아이가 중학교 진학을 앞두고 겨울방학을 맞게
되자 아내와 나의 발걸음은 바빠졌다. 청소년을 위한 인문고전
추천도서 목록을 찾았다. 구글, 네이버, 다음 등 포털 검색창에
'중학생을 위한 인문고전' 키워드를 넣고 검색했다. 여러 학교
와 교육단체, 교사모임 등 다양한 사이트에서 목록을 찾을 수
있었다. 파일을 다운로드 받고 출력해서 천천히 훑어보았다. 한
마디로 실망했다.

첫째, 기준이 모호했다. 어디선가 한 번쯤 들어보았을 동서양
고전 목록을 모아놓고, 학년별, 지역별, 시대별로 구분했다. 그
러나 이런 구분이 책을 읽어나가는 데 어떤 도움이 되는지 설명
이 없었다. 예를 들어 학년별로 구분한 어느 목록을 보면 중학교
1학년 추천도서에 『삼국지』가 있고, 중학교 3학년 추천도서에

『묵자』가 있다. 이유는 없이 그냥 그렇다는 것이다. 허탈했다.

둘째, 구체성이 없다. 예를 들어 중학생에게 『묵자』를 추천하면서 '도서명 묵자, 저자 묵적'이라는 정보가 전부다. 구체적으로 어느 출판사에서 누가 번역하고 해설한 책이 어떤 점에서 좋다는 정보가 없다. 각자 알아서 책을 찾아보라는 것이다.

셋째, 통일성이 없다. 학교마다 기관마다 추천도서가 달랐다. 공통적으로 추천하는 책을 찾으려고 여러 도서 목록을 놓고 엑셀에 하나하나 적어가며 분류를 시도했지만 이내 중단했다. 무의미했다.

청소년 추천도서 목록의 허점

다양한 목록을 찾아서 일일이 확인하며 정리하는 과정을 되풀이하면서, 나는 다음과 같은 의심을 떨칠 수가 없었다. 청소년용 인문고전 목록을 작성한 사람은 추천도서를 읽어본 적이 없는 것 같았다. 직접 읽어보고 작성했다면 최소한 이렇게 허술한 목록이 나오지는 않았을 것이다. 목록 작성자는 그저 몇 가지 분류에 따라 책 제목을 모았을 뿐이다. 서가에서 해당 책을 꺼내 들고 읽으면서 고민해보았다면 최소한 이런 수준의 문서를 남기지는 않았을 것이다. 목록을 위한 목록, 문서를 위한 문서, 참고를 위한 참고일 뿐이다. 딱 거기까지다.

무의미하다는 결론과 허탈함이 밀려왔지만 그렇다고 멈출 수는 없었다. 아내와 머리를 맞대고 대체 어떤 인문고전을 아이에게 읽힐 것인지 고민했다. 그리고 이내 결론을 냈다. 아이가 직접 고르게 하자! 쉽게 말해 아이가 끌리는 책을 읽게 하는 것이다. 아내도 나도 책을 좋아하지만 직접 고른 책이 읽고 싶지 남이 골라준 책은 쉽게 손이 가지 않는다. 어떤 책을 읽고 싶은지 아이 스스로 선택해야 한다. 아이의 선택은 존중받을 권리가 있다.

부모의 역할은 양질의 책을 자녀의 눈과 손이 닿는 곳에 두는 데 있다. 좋은 책들이 주변에 쌓여 있다면, 아이는 자연스럽게 끌리는 책을 발견할 것이고, 펼칠 것이고, 읽을 것이다.

집에 책이 있어야 한다. 물론 도서관에서 빌려 볼 수도 있다. 하지만 중심이 될 만한 인문고전이 내 곁에 가까이 있을 때 점차 친숙해지고, 자연스럽게 영역을 넓히는 독서로 이어진다. 우리는 집에 들일 인문고전 목록을 작성하면서 다음과 같은 기준을 정했다.

첫째, 다양한 분야의 인문고전을 접하게 하자.

신화, 역사, 철학, 문학 등 여러 장르를 다양하게 구비해야 한다. 기본적으로 내가 책을 선정하고 아내의 조언을 얻었다. 물론 각 분야별로 아내와 내가 모아 놓은 인문고전이 집 책장에 가득

했지만, 청소년의 눈높이에서 처음부터 되짚어 보기로 했다.

둘째, 직접 보고 고르자.

네이버에서 '삼국유사'를 검색하면 2천 건 이상의 목록이 뜬다. 그 책을 모두 집에 들일 수는 없다. 직접 보고 골라야 한다. 요컨대 내가 읽고 싶은 마음이 드는 책이어야 한다. 일단 목록을 정하고 주변 도서관과 헌책방을 돌면서 눈으로 확인하며 책을 골랐다.

셋째, 책 고르는 과정을 자녀와 함께 즐기자.

집에 들일 인문고전을 찾기 위해 서점도 가보고 여러 도서관도 가면서 책 나들이 다니는 여정을 즐기자. 부모가 한 권 한 권 펼쳐 놓고 노트에 적어가며 평가하고 논의하는 과정을 자녀에게 여과 없이 보여주자.

판을 벌여놓고 아이가 직접 고르게 한다

가장 중요한 건 책 선택권을 자녀에게 주는 것이다. 인문고전을 재미난 놀이터이자 영혼을 채우는 에너지원으로 여길 수 있도록 자녀가 직접 인문고전을 골라 읽게 하자. 읽고 토론할 책을 부모가 계속 선택하면 토론이 놀이가 되지 못할 가능성이 높다.

자녀는 인문고전을 짊어져야 할 짐 덩어리로 여기게 될 것이다.

때때로 자녀와 함께 꼭 읽어보고 싶은 책이 있을 수 있다. 이럴 때 부모가 할 일은 자녀가 읽기 좋게 재편집한 책을 찾는 것이다. 박지원의 『열하일기』를 자녀와 함께 읽고 싶었다. 고미숙의 『세계 최고의 여행기 열하일기』(박지원 저, 고미숙·길진숙·김풍기 역, 북드라망)를 우연히 읽고 박지원이라는 인물에 관심이 생긴 터였다. 팟캐스트에서 고미숙의 박지원 관련 강연을 찾아서 들었다. 관련도서로 강명관 교수의 『허생의 섬, 연암의 아나키즘』(강명관, 휴머니스트)을 찾아 읽었다. 조선 후기에 이미 탈근대를 모색한 지식인 '인간 박지원'에 반했다. 허균의 『홍길동전』이 보여준 상상력도 멋지지만 『열하일기』에 담긴 박지원의 『허생전』은 또 다른 현실 인식과 상상력의 결정체였다. 감동에 젖어 어떻게든 가족들과 『열하일기』와 박지원을 함께 읽고 나누고 싶었다.

청소년용으로 재편집한 열하일기를 찾기 위해 인터넷을 검색했다. 도서관에서 청소년용 열하일기를 모조리 찾아 비교했다. 여러 출판사의 작품이 있지만, 내 마음에 가장 드는 건 채우리 출판사의 『열하일기』(박교영 글, 박수로 그림)였다. 그림의 완성도와 내용 구성이 만족스러웠다. 몇 번을 고민한 뒤 구입했다. 책이 집에 도착하자마자 두 아이 모두 책장에 얼굴을 들이밀고 읽었다. 다음주 가족 토론으로 『열하일기』를 하기로 했다. 더불어 채우리 출판사의 '서울대 선정 문학고전' 시리즈를 이모저모 훑어보았다. 여러모로 마음에 든다. 기회가 된다면 이 시리즈를 중심으로 가족과 문학 토론을 해보고 싶다.

넓고
깊게 읽기 위한
책 고르기

책을 찾기 전에 몇 가지 범주와 키워드를 나열했다. 신화, 역사, 철학, 문학 등 360도 방향으로 인문고전을 찾아야 했다. 우선 신화 영역은 조지프 캠벨의 『신화의 힘』(조지프 캠벨 저, 이윤기 역, 21세기북스)이 단연코 최고다. 캠벨 작품은 『천의 얼굴을 가진 영웅』(조지프 캠벨 저, 이윤기 역, 민음사)을 포함해 이미 여러 권의 책이 집에 있다. 다만 한국 신화는 캠벨만으로 부족하다. 애석하게도 캠벨은 한국 신화를 언급하지 않았다. 한국 신화를 알려주는 데 일연의 『삼국유사』만한 작품도 없다. 삼국유사를 검색하면 2천여 건의 책 목록이 한꺼번에 올라온다. 어떤 책을 선택할까? '서울대 선정 인문고전 50선' 학습만화 시리즈에 삼국유사가 있다. 줄글책 삼국유사로 무엇이 좋을까? 거실 책장에 그동안 모은 『삼국유사』 책만 여러 권이 있다. 특히 고운기 교수와 김원중 교수의 『삼국유사』가 좋았다.

　신화로 시작해서 역사, 종교, 철학, 문학 등 영역별로 우선순위 책 목록을 아내와 상의하여 적어보았다. 쓰고 보니 아내와 나의 인생을 통틀어 가장 인상 깊었던 책들이 다 모여 있었다.

　신화: 조지프 캠벨 『신화의 힘』, 일연 『삼국유사』
　역사: 네루 『세계사 편력』, 유시민 『거꾸로 읽는 세계사』
　종교: 구미정 『구약성서, 마르지 않는 삶의 지혜』, 박경미 『신약성서, 새로운 삶의 희망을 전하다』, 법정 『법구경』, 법정 『숫타니파타』
　철학: 『소크라테스의 변명』, 플라톤 『국가』, 『논어』, 『도덕경』, 『장자』
　문학: 한국 문학, 세계 문학
　……

　문제는 철학과 문학이었다. 서양 철학은 『소크라테스의 변명』부터 읽고 플라톤 『국가』와 아리스토텔레스도 읽어봐야 하는데, 어느 책을 봐야 할지 잘 모르겠다. 동양 철학은 『논어』, 『도덕경』, 『장자』를 읽어야 하는데, 『도덕경』과 『장자』는 역시 오강남 교수가 쓴 현암사 책들이 입문서로 좋다. 아내는 최진석 교수의 풀이가 더 좋다고 한다. 문제는 '공자' 다.

노트에 일단 모두 적고 나서 파주 중앙도서관으로 향했다. 동선은 파주 중앙도서관, 일산 알라딘 중고서점, 파주출판단지 순서로 정했다. 도서관에서 비교 분석하여 최종적으로 구입하기로 결정한 책은 최대한 중고책방에서 구입한다. 중고책을 구할 수 없으면 마지막 방법으로 새 책을 주문한다. 고르고 주문까지 주말 이틀 동안 모두 끝내기로 계획했다.

파주 중앙도서관 도서검색대에서 '삼국유사', '청소년 철학', '소크라테스' 등등 키워드를 넣고 검색했다. 청소년 책부터 어른 책까지 열댓 개 이상 책 좌표를 출력해 도서관을 누비며 모두 뽑아 한 책상 위에 모았다. 책을 찾다 보면 관련 도서들이 한데 모여 있기에 의외로 좋은 책들도 만날 수 있다. 한 권한 권 손으로 펼쳐보며 선별하는 작업이 가장 중요하다. 그 동안 두 딸과 아내는 자신들이 보고 싶은 책을 실컷 보고 있고, 나는 가족들이 자리 잡은 책상 위에 선별한 책을 쌓았다.

책 고르는 요령은 의외로 단순하다. 원전의 본뜻을 명료하게 드러내는 책이 좋은 책이다. 누구보다 나 자신이 이해할 수 있어야 한다. 내가 이해하지 못 하는 책을 자녀에게 내밀 수는 없다. 내가 읽어보고 싶은 책이라면 자녀에게 추천할 만한 책이다. 다만 최종 결정은 나 혼자 내리지 않는다. 아내의 의견을 들어봐야 한다.

각 키워드 별로 두세 권 이상의 책을 골라 도서관 책상 위에 쌓아놓고 아내를 불렀다. 아내는 그림책 마니아다. 그림책을 읽다가 인문고전의 세계로 독서 영역을 확장하고 있다. 아내에게 내가 고른 책들을 한 권 한 권 설명하다 보면 아내 마음에 드는 책이 나온다.

도서관 책상에 쌓인 책 중에 삼국유사를 키워드로 찾은 책이 꽤 된다. 어린이자료실에서 찾은 그림책과 학습만화, 어린이 문학과 청소년 문고, 종합자료실에서 찾은 성인용 입문서와 해설서에서 원전에 이르기까지 내 마음에 드는 책만 해도 열 권이 넘는다.

우선 2천여 건이나 되는 삼국유사 책 목록 중에서 도서관에 있는 책으로 범위를 줄인다. 이어서 도서관에 있는 책을 한 권 한 권 비교해 가며 내 마음에 드는 책을 추린다. 내가 고른 책을 한곳에 모아 놓고 아내에게 선정 사유를 밝힌다. 아내는 학교에서 7년 동안 초등학생과 중학생에게 책을 읽어주는 활동을 하면서 자연스레 아이들이 좋아할 만한 책을 고르는 안목을 갖게 되었다. 아내가 고른 책을 식탁 위나 화장실에 놓아두면 우리 집 두 아이가 관심을 갖고 읽을 가능성이 높다.

아내가 고른 책을 꼼꼼히 살펴 난이도 순으로 배열한다. 초등학생 작은아이와 중학생 큰아이를 포함하여 온 가족이 함께 읽고 토론을 진행할 때 책이 어려워서 소외되는 가족 구성원이 생기면 안 되겠기에 생각한 방법이다. 이러한 독서 방법은 같은 삼국유사라도 쉬운 책에서 어려운 책으로 접근할 수 있도록 돕고 원전을 이해하는 데 도움이 된다. 부모와 자녀가 함께 읽기, 넓고 깊게 읽기가 가능하게 된다.

베스트 프렌드 같은
베스트 북을
만나는 법

아이가 책 읽는 모습을 가까이에서 지켜보면 흐뭇하고 대견하기보다 한숨이 나올 때가 더 많다. 도대체 책을 읽는 건지 가지고 노는 건지 분간이 안 가기 때문이다. 진득하게 앉아서 꼼꼼하게 읽고 책의 내용을 마음에 새겨 삶으로 이어지길 바라는 엄마 마음과는 상당한 거리가 있다. 아이가 책을 좋아하고 늘 책을 가까이하니까 아예 안 보는 것보다는 낫다고 위안을 해보지만 안타까운 마음은 어쩔 수가 없다. 책은 심심할 때 가지고 노는 좋은 장난감이기도 하지만, 좋은 책 한 권에는 삶을 바꾸는 거대한 힘이 있다는 걸 아이도 알았으면 좋겠다.

어떻게 책을 읽어야 할까? 조선 중기 문신 유성룡은 '한 권을 읽어도 끝장을 봐야 한다'는 문장으로 정독의 중요성을 전한다.

마음을 더 다잡아야 한다. 정신을 똑바로 차려야 한다. 그저 대충 시늉이나 하는 공부로는 이룰 수 있는 게 아무것도 없다. 덤벙거리지 마라. 진득하니 눌러앉아 하나를 배워도 내 것으로 만들어야지, 그렇지 않으면 고생만 하고 보람이 없다.(『아버지의 편지』 정민·박동욱 공저, 김영사)

조선 중기 문인 백광훈은 『논어』 읽는 법을 들어 책 한 권을 외울 정도로 읽기를 당부한다.

『논어』를 하루에 한 권씩 읽어 나중에는 아예 통째로 외우는 방법을 일러주었다. 옛사람들의 공부 방법이 잘 드러나 있다. 『논어』 한 권을 처음부터 끝까지 줄줄 꿰어 머릿속에 넣어두면 평생 글 공부한 선비로 사는 데 조금의 부끄러움이 없게 될 것이라고 했다. 그 후의 운명은 하늘에 달린 것이므로 바깥일은 거들떠보지 말고, 고인을 모델로 삼아 그처럼 될 것을 기약하라고 당부했다.(『아버지의 편지』 정민·박동욱 공저, 김영사)

여러 사람과 적당한 관계를 맺는 것과 단 한 명의 친구와 깊고 지속적인 관계를 맺는 것 중 어느 쪽에 우정이라는 이름을 붙일 수 있을 것인가에 대해 고민한 적이 있다. 아무리 생각해도 여러 사람과 맺는 적당한 관계를 우정이라 부를 순 없을 것 같다. 책도 마찬가지다. 이 책 저 책 심심할 때 들쳐보는 책과 내 마음속 깊은 곳을 건드려준 책을 같은 책이라고 할 순 없다.

아이가 그동안 맘에 드는 책을 골라 몇 페이지만 읽거나 책의 첫 장과 마지막 장만 읽는 식으로 여러 책과 관계를 맺었다면, 이제는 자신의 삶에 영향을 미친 책을 깊게 읽는 법을 연습하도록 지원하자. 친구를 사귀는 데 공을 들여야 하듯 나만의 책 한 권을 만나기 위해서도 공을 많이 들여야 한다.

중학생 큰아이가 유독 좋아하는 책은 만화 『법구경』(전재성 글, 마정원 그림, 주니어김영사)이다. 기분이 좋지 않을 때, 이유 없이 불안하고 다가올 미래가 두려울 때, 아이는 『법구경』을 찾는다. 『법구경』의 구절을 읽으면 불안했던 마음이 안정을 되찾고 두려움도 사라진다고 한다.

아이의 책상 위에 새 책꽂이를 하나 놓자. 그동안 아이가 만났던 책 중에 '나만의 책' 한 권을 선정해 새 책꽂이에 꽂자. 많은 사람 중에 '베스트 프렌드' '절친'이 있듯, 많은 책 중에도 특별한 책 '베스트 북'이 있다는 것을 인식하도록 도와주자. 그런 다음 아이가 직접 고른 베스트 북과 지속적인 상호작용을 할 수 있도록 지켜보자. 아이의 '베북'이 한 권 생길 때마다 깊은 우정을 나눌 친구가 생긴 것처럼 열렬히 환영하고 환호하자. 아이의 독서가 더 깊어질 것이다.

가족
독서토론을 위한
노하우

중학생 자녀와 독서토론을 한다고 하면, 도대체 언제 책을 읽고 또 언제 토론을 하는지 물어오는 경우가 많다. 아이는 학교 다니느라 바쁘고 부모는 직장 다니고 일하느라 바쁘니, 독서는 물론 독서토론은 시작할 엄두도 내지 못한다고들 한다.

독서 시간은 확보하기 나름이다. 출퇴근 지하철에서, 학교 마치고 돌아와 간식을 먹으면서 또는 화장실에서 시간 날 때마다 틈틈이 읽으면 된다. 하지만 독서토론을 하려면 온 가족이 모여야 하므로 따로 시간대를 정해야 한다. 처음에는 평일 저녁이나 주말 오전에 독서토론을 시도했지만 잘 되지 않았다. 가족 중 꼭 한 명이 빠지는 일이 생겼다. 이 시간 저 시간 다 시도해보다가 적당한 시간대를 찾았다. 바로 일요일 저녁 시간이다.

일요일 저녁 식사를 마치고 나면 가족들 모두 기분이 사뭇 이상해진다. 아빠가 '내일 회사 가기 싫다.'고 생각하고 있을 때, 아이는 '내일 진짜 학교 가기 싫다.'고 생각하는 것이다. 두 사람 표정을 살피며 나는 산책하러 나가자고 부추겼다. 일요일 저녁 가족 독서토론을 진행할 장소는 미리 물색해 놓아야 한다. 케이크가 맛있거나 쿠키를 잘 굽는 카페라면 좋다. 유대인이 책에 꿀을 발라 아이들이 책을 좋아하도록 유도했듯, 가족 독서토론에도 같은 이유로 간식거리가 필요하다.

처음으로 일요일 저녁에 가족 독서토론을 했던 날을 기억한다. 아빠와 중학생 딸은 일주일 동안의 고충을 털어놓았다. 한두 시간 하소연을 하다가 "우리 이러지 말고, 책 이야기 합시다!"라며 자발적인 독서토론으로 이어졌다. 두 시간가량 책 속 좋은 문장을 낭독하고 자신의 생각을 이야기하며 일상에서 어떻게 적용할지에 대해 토론했다. 마음속에 쌓여 있던 고민과 걱정거리를 다 털어내고 나니 온 가족이 마치 사우나를 한 것처럼 몸과 마음이 개운했다. 그날 이후로 우리 가족은 매주 일요일 저녁 식사 후에 가족 독서토론을 하고 있다.

가족 독서토론, 어떻게 시작하면 좋을까? 진행은 책을 고른 사람이 맡으면 좋다. 어떻게 진행할지 막막하다면 다음과 같이 시도해보자.

① 가족 독서토론 준비: 장소 정하기

토론에 앞서 장소를 준비하자. 식탁에서 토론을 하는 것도 좋지만 새로운 분위기와 활력이 필요할 때는 아이들이 좋아할 만한 장소를 미리 물색해둔다. 조각 케이크나 쿠키를 직접 구워서 맛있는 냄새가 나는 카페라면 아이들도 기꺼이 따라나설 것이다.

② 가족 독서토론 준비: 마음 준비하기

고민이나 걱정거리가 있다면 독서토론에 집중하기 어려울 것이다. 아이들이 하는 이야기를 경청하는 시간이 필요하다. 자녀가 고민과 걱정을 실컷 이야기할 수 있도록 두 귀를 내어주자. 마음속 갈등이 어느 정도 해소되고 마음의 준비가 되면 독서토론을 시작하자.

③ 가족 독서토론 도입: 일상 이야기에서 시작하자

본격적인 책 이야기에 앞서, 책과 관련한 일상을 이야기하는 것으로 시작하자. 예를 들어 『묵자』를 읽고 토론할 때 우리는 교실 속 친구 사이의 권력 구도에 대한 이야기로 시작했다. 박지원의 『열하일기』를 읽고 독서토론을 할 때는 그동안 우리 가족이 함께 여행했던 이야기로 시작했다. 마르크스의

『자본론』을 읽고 독서토론을 할 때는 관련 신문기사를 읽고, 영화 〈청년 마르크스〉 속 명장면을 이야기하는 것으로 시작했다. 아이들의 학교나 친구 이야기, 신문과 뉴스, 영화는 가족 독서토론을 시작할 때 활용하기 좋은 자료다.

④ 가족 독서토론 1단계: 인상 깊은 구절을 읽고 나누기
자, 이제 본격적인 토론이 시작되었다. 가족이 돌아가며 책을 읽으면서 밑줄 쳤던 문장을 읽는다. 왜 밑줄을 그었는지, 왜 그 문장이 내 마음에 들어왔는지 이유를 말한다. 구성원 전체가 돌아가며 이야기한다.

⑤ 가족 독서토론 2단계: 내가 저자가 되어 보기
저자가 살았던 시대와 공간으로 돌아가 저자가 왜 이 책을 썼는지 집필 의도를 짐작하는 시간을 갖는다. 구성원 전체가 돌아가며 이야기한다.

⑥ 가족 독서토론 3단계: 현재 사례를 들어 보기
현재로 돌아와 저자의 책이 지금 이 시대에 어떤 영향을 미치고 있는지 이야기를 나눈다. 이 책을 읽기 전의 나와 읽은 후의 나를 비교하며 이 책이 내 삶에 어떤 영향을 미쳤는지 이

야기를 나눈다. 구성원 전체가 돌아가며 이야기한다.

⑦ 가족 독서토론 4단계: 자유롭게 질문하기
마지막으로 책을 읽다가 생긴 의문에 대해 자유롭게 이야기한다. 질문하고, 함께 해답을 모색하는 과정에서 공감하고 협력하는 능력을 개발하게 된다. 이러한 능력은 4차 산업혁명 시대에 가장 중요한 자질이다.

가족 독서토론은 온 가족이 함께할 때 의미가 있다. 부모나 아이들이 바쁘더라도 이 시간만은 고수하기를 바란다. 매주 진행하기가 어려우면 격주로 토론을 지속하도록 한다. 일요일 저녁 2시간이 쌓이면 부모와 자녀 모두에게 엄청난 변화가 생겨날 것이다.

책 이야기를 나누다보면 책 내용과 관련하여 평소 고민이나 걱정거리를 털어놓게 된다. 이야기를 하면서 스스로 정리가 되기도 하고 함께 머리를 모아 해결책을 찾기도 한다. 부모가 가르치고 아이가 배우는 수직적인 관계가 아니라 부모와 자녀가 수평적인 소통을 할 수 있는 것이다.

주말에는
책 여행을
떠나자

파주에 사는 가장 큰 장점은 책을 접하기 좋은 환경이라는 점이다. 공부해보려는 분야나 주제가 정해지면 자료는 얼마든지 구할 수 있다. 파주 출판단지와 일산에는 각종 출판사 매장과 중고책방이 많다. 파주는 도서관 문화가 매우 발달했다. 집에서 차로 15분 내에 대여섯 개 도서관에 닿을 수 있다. 찾으려는 책이 있으면 파주 여러 도서관의 소장 책을 통합 검색하는 사이트에서 미리 찾아볼 수 있다. 책 배달 서비스도 있어서 원하는 책을 인근 도서관으로 배달하여 빌릴 수 있다.

2019년 집 근처에 또 하나의 도서관이 문을 열었다. 집에서 큰 길 하나 건너 십여 분 산책길을 따라 걸으면 도착하는 거리다. 온 가족이 함께 새로 개관한 도서관에서 주말을 보낼 생각을 하니 벌써부터 설렌다.

요즘은 도서관이 늘어나는 추세다. 가까운 도서관을 자주 이용하자. 원하는 책을 구비해달라고 요청하면 특별한 사유가 없는 한 도서관에서 구입해 비치해둔다. 양질의 강연을 무료로 들을 수도 있다. 도서관을 마음껏 활용하자.

헌책방에서 보물찾기

나는 헌책 냄새가 좋아서 헌책 냄새를 맡으러 한 달에 한두 번 헌책방에 간다. 퀴퀴한 냄새지만 묘하게 매력적이다. 책방에서 이 책 저 책 둘러보면 한두 시간이 금세 지나간다. 마음에 드는 헌책 몇 권을 골라 오는 재미도 좋지만, 온몸으로 헌책 냄새를 맡는 것도 헌책방 나들이를 하는 큰 이유다. 아빠를 닮았는지 두 딸도 헌책 냄새를 무척 좋아한다. 덕분에 헌책방 나들이는 우리 가족 주요 나들이 코스다.

어릴 적에 소풍을 가면 꼭 보물찾기를 했다. 돌멩이 밑이나 나무뿌리 틈새에서 미리 숨긴 종이쪽지를 찾았다. 이젠 헌책방에서 보물찾기 놀이를 한다. 주말이나 공휴일에 일산과 파주 지역 헌책방에 가서 온 가족이 자신만의 보물을 찾는다. 헌책방 가득 들어선 책장 사이를 천천히 걷다 보면 보물과 마주치는 순간이 있다. 다른 사람들 눈에는 보이지 않지만 내 눈에만 보이는 보물이니 마법이 따로 없다.

헌책방에서 책을 사지 않아도 좋다. 한두 시간 책 구경을 하다 보면 그동안 어떤 책들을 보며 살아왔는지, 어떤 책을 더 보고 싶은지 마음 깊은 곳에서 스스로 정리가 된다.

헌책방에서 잊지 못할 내 인생의 책을 종종 만났다. 이십 대 내 심장을 불태웠던 『그리스도 최후의 유혹』을 헌책방에서 만났다. 그때 그 시절 읽었던 바로 그 책, 그리스의 대문호 니코스 카잔차키스가 쓰고 안정효 선생이 번역하여 '고려원'에서 출간된 『그리스도 최후의 유혹』은 나를 다시 이십 대로 데려갔다. 고려원 판 『그리스도 최후의 유혹』의 매력은 카잔차키스의 불타는 영혼이 잘 표현된 책 표지에 있다. 1998년 가을, 전역을 몇 달 앞둔 병장시절, 훈련지에서 야영을 하던 D형 천막에서 밤마다 렌턴을 켜고 읽었던 책이다. 이 책을 헌책방에서 다시 만나는 순간, 숨이 멎는 줄 알았다! 인연은 결국 다시 만나게 되나 보다.

난생 처음 공자님이 대체 어떤 사람인지, 어떤 매력을 가졌는지 알게 해준 범우사 문고판 『공자의 생애』(최현, 범우사), 인문고전이라는 바다를 순례하는 강호의 독서가들에게 감히 십갑자 내공이 담긴 비전(祕傳)이라고 소개하고 싶은 『즐거운 지식』(고명섭, 사계절)도 헌책방에서 발견한 보물들이다.

우리 가족이 즐겨 찾는 헌책방 몇 군데를 소개한다.

▸ 일산 책창고

일산 서구 태영아파트 17단지 상가에 가면 지하 1층에 '책창고'라는 헌책방이 있다. 평일 오후 2시부터 8시까지, 토요일은 오후 6시까지 문을 연다. 일요일과 공휴일은 쉰다. 만화와 전집류부터 학습만화, 인문고전, 소설 전집 등 헌책의 양과 질이 꽤 괜찮다.

▸ 알라딘 중고서점 일산점

쇼핑몰처럼 거대한 중고서점이다. 웬만한 책은 다 있다. 어린이 그림책부터 어른 책까지 규모도 종류도 엄청나다. 책 구경하면서 두세 시간 보내기에 딱 좋다.

▸ 파주출판단지 중고책방 이가고서점

1층부터 2층까지 중고책이 빼곡히 들어선 중고책방이다. 양과 질에서 탁월하다. 10시부터 7시까지 문을 여는데, 2층은 주말에만 문을 연다. 파주출판단지에 나들이 오시는 분들에게 꼭 권해드리고 싶은 곳이다. 우리 가족 나들이 넘버원 장소이기도 하다.

▸ 파주출판단지 블루박스

헌책방이면서 북카페이기도 하고 극장에서 영화나 공연도 하는 종합문화공간이다. 실내 인테리어가 멋져서 사진 찍기도 좋다. 차 한 잔씩 마시며 책을 보기 좋은 곳이다. 따뜻한 난로도 있다.

만화방은 아빠와 딸들의 휴식 공간

아내가 단짝친구를 만나러 나간 일요일. 두 딸과 무엇을 할까 고민하다가 만화방에 갔다.

동네에 깔끔한 만화방이 있다는 소문을 듣고 방문했는데 시설이 가히 놀라웠다. 타임머신을 타고 십수 년 전 과거 여행을 하는 것 같았다. 황성, 사마달, 박봉성, 야설록 같은 추억 속 만화가들의 작품이 책장을 가득 메우고 있었다. 소호강호, 녹정기 같은 김용의 무협지도 있었다. 달라진 건 금연 시설이라는 것! 담배 냄새가 전혀 없었다.

시간제로 먼저 계산을 한다. 세 시간 값을 선불로 내고 자리를 잡았다. 만화는 군것질을 하면서 봐야 제맛이다. '짱구', '왕소라' 같은 추억의 B급 과자는 기본. 달달한 캔 음료수도 한 모금씩 마셔야 한다. 한 시간쯤 지나 라면도 한 그릇씩 먹었다. 행복했다.

세 시간 동안 읽은 만화는 다음과 같다.

작은아이(초2):『메이플스토리』(서정은) 14권,『정글의 법칙』(유대영 글, 이정태 그림) 2권

큰아이(초6):『심야식당』(아베야로) 3권,『식객』2부(허영만) 1권,『명탐정 코난』(아오야마 고쇼) 3권

아빠:『타이밍』(강풀) 3권,『어게인』(강풀) 3권

아이들도 신났고, 어린 시절 추억이 있어서인지 아빠는 더더욱 신이 났다. 나는 만화가 강풀 팬이다. 다음 웹툰에 연재하는 〈브릿지〉를 보고 있는데, 예전에 완결한 『타이밍』과 『어게인』의 스토리가 〈브릿지〉와 이어진다. 연결되는 이야기를 읽으니 밀린 숙제를 한 것처럼 시원했다.

엄마만 딸들과 목욕탕에 갈 수 있기에, 딸만 있는 아빠는 목욕탕 갈 때 외롭다. 그러나 아빠는 딸들과 만화방에 갈 수 있다! 엄마는 결코 사 주지 않을 B급 과자와 라면을 아빠는 사 준다. 만화방은 이제 두 딸과 아빠의 휴식 장소가 되었다.

2부

가족 독서토론의
현장

삼국유사

아이들은 인문고전 학습만화 『삼국유사』(한지영 글, 이진영 그림, 주니어김영사)를 읽고, 엄마 아빠는 『우리가 정말 알아야 할 삼국유사』(고운기 글, 양진 사진, 현암사)를 읽었다.

각자 『삼국유사』를 어떤 시각으로 받아들였는지 돌아가면서 이야기했고, 특히 아빠가 이야기를 많이 했다. 어째서 『삼국유사』를 아빠의 '인생 책'으로 꼽는지 길게 설명했다. 아빠의 설명을 듣고서 엄마와 아이들은 『삼국유사』를 새롭게 바라보게 됐다고 소감을 밝혔다.

'나는 누구인가?'라는 질문에
해답을 찾아가는 길잡이

지난 2018년 7월 18일, 국립부여문화재연구소는 전북 익산 雙陵의 대
왕릉이 서동요의 주인공 백제 무왕의 무덤이라고 발표했다. 일제강점
기 일본학자가 雙陵을 조사하면서 대왕릉에 인골함을 남겼는데, 100여
년 만에 재조사하면서 방사성탄소연대측정법과 법의학 등 현대 과학기
술을 총동원하여 내린 결론이다. 그동안 익산 雙陵은 대왕릉이 무왕,
소왕릉이 선화공주 무덤으로 짐작되었다. 이제 둘 중 하나는 과학적으
로 밝혀진 셈이다. 내년부터 소왕릉 조사를 시작한다는데 어떤 결과가
나올지 궁금하다.

백제 무왕과 선화공주 전설은 삼국유사에 등장한다. 앞으로 계속될 과
학적 검증으로 삼국유사의 전설이 힘을 얻을지 아니면 힘을 잃을지 모
르겠다. 그러나 삼국유사의 근본적 가치는 과학의 영역과는 분명 다른
데에 있다.

‘이것은 사실인가?’ 라는 과학적 검증은 사실상 근대 이후에 영향력을 발휘했다. 과학적 검증보다 훨씬 오래된 인류의 질문은 ‘나는 누구인가?’ 혹은 ‘우리는 누구인가?’ 라는, 이른바 정체성을 묻는 질문이다. 고대 선사시대부터 지금까지 개인과 공동체의 정체성은 신화와 전설 같은 ‘이야기’가 담당해온 영역이다. 삼국유사에는 고조선을 포함한 고대 국가들의 건국 신화 같은 강자들의 이야기 외에도 여자와 노비 같은 약자들의 이야기가 흘러넘친다. 이 시대 한반도에서 태어나 살면서 ‘나는 누구인가?’ 또는 ‘우리는 누구인가?’ 라는 질문에 대답을 찾는 이에게 삼국유사는 독보적인 길잡이 역할을 담당한다.

청소년과 성인을 위한 삼국유사 입문서로 고운기 교수의 글과 양진 사진작가의 작품사진이 가득한 『우리가 정말 알아야 할 삼국유사』를 추천한다. 삼국유사의 현장을 두 분이 함께 답사하며 기록한 글과 사진 덕에 700년 묵은 삼국유사 이야기가 날개를 펴고 날아오른다.

『삼국유사』
독서토론을
시작합니다.

엄마 2014년에 삼국유사를 읽었는데, 워낙 여러 이야기가 연이어 나오다 보니 어려웠습니다. 삼국유사는 다음 세 가지 점에서 흥미롭습니다.

첫째, 아빠가 어째서 삼국유사를 '인생 책'으로 꼽는지 궁금합니다.

둘째, 전문가들은 삼국유사를 최고의 고전으로 꼽습니다. 그 이유가 궁금합니다. 최근 파주 교하도서관은 개관 10주년 행사로 연암 박지원의 열하일기 관련 행사를 벌이고 있습니다. 열하일기 강연을 맡은 박수밀 교수님이 "우리나라의 진정한 고전은 두 가지입니다. 하나는 삼국유사이고 다른 하나는 열하일기입니다."라고 하셨습니다. 작년에 표정옥 교수님의 근현대 한국문학 강연을 재미있게 들

없습니다. 표정옥 교수님도 "한국의 주요 근현대 작가들은 삼국유사에서 모티브를 가져왔습니다."라고 하셨습니다.

셋째, 저에게 삼국유사는 그다지 흥미로운 텍스트는 아니었습니다. 단군신화, 부여 건국신화, 박혁거세 탄생 이야기 등 고대 국가의 건국신화가 연이어 등장하는 바람에 흥미를 잃은 이유도 있습니다. 어느 나라든 건국의 주인공들을 신의 자식이거나 신비로운 탄생 설화로 미화시킵니다. 결국 왕을 찬양하는 이야기입니다. 진실이 아닙니다. 그래서 재미가 없습니다.

수민 저는 지난 한 학기 동안 '우리 역사 바로 알기'를 주제로 친구와 둘이서 초등학교 4학년 학생들을 대상으로 총 14강의 강좌를 진행했습니다. 강연 한 시간 동안 친구가 주교사로서 약 40분 동안 강의를 했고 제가 보조교사로서 20분 정도 질의응답을 진행했습니다. 이번에는 제가 주교사 역할을 맡았는데, 저는 삼국유사를 주제로 40분 동안 강의했습니다.

아빠 수민이가 삼국유사를 강의 주제로 삼은 이유는 무엇인지요?

수민 한반도에 있었던 여러 고대 국가들의 건국 신화와 옛날 전설이 대부분 삼국유사를 통해 지금까지 전해지고 있기 때문입니다. 한 학기 동안 진행한 역사 강의 주제가 '우리 역사 바로 알기'였기에 삼국유사는 꼭 다뤄야 할 고전 중에 고전이라고 생각했습니다.

아빠 수민이가 아주 정확하게 삼국유사의 중요성을 집어냈습니다. 흔히 우리 역사에서 가장 오래된 기록물로 삼국사기를 꼽습니다. 그러나 삼국사기는 국가 중심적 사관과 유교적 입장에서 기록된 책입니다. 일찍이 공자는 "실증할 수 있는 근거가 없으면 믿지 않는다"라고 했습니다. 유교는 괴이하거나 귀신 이야기에는 관심을 두지 않습니다. 이런 입장에서 삼국사기는 단군신화를 기록하지 않았습니다.

반면에 삼국유사는 삼국사기보다 후대에 쓰이면서 삼국사기에 기록되지 않았거나 소홀히 다뤄진 이야기들을 기록했습니다. 삼국시대 이전부터 전해져 오는 건국신화, 토속신앙, 노래, 전설 등등 다양하고 기묘한 이야기가 삼국유사에 실려 우리에게 전해지고 있습니다. 삼국유사 덕분에 우리는 조상들의 모습을 생생하게 알 수 있습니다.

엄마 좋습니다. 아빠가 삼국유사를 인생 책으로 꼽는 이유를 말씀해주세요.

아빠 저의 인생 책 세 권은 성경과 삼국유사와 공산당선언입니다. 삼국유사를 워낙 좋아해서 삼국유사 관련 책을 여러 권 봤습니다. 물론 집에 사 놓은 책도 여러 권 됩니다.

　제가 삼국유사를 공부한 방법을 잠시 설명하겠습니다. 가장 처음 삼국유사를 입문한 책이 고운기 교수님의 『우리가 정말 알아야 할 삼국유사』입니다. 이 책을 읽으면서 가슴속 깊이 전해지는 울림을 느꼈습니다. 다음으로 읽은 책이 『삼국유사의 종합적 해석』(이범교, 민족사)입니다. 두 권으로 구성되어 천 페이지가 넘습니다. 삼국유사 관련 수백 편의 논문이 깔끔하게 정리돼 있습니다. 삼국유사를 읽다가 의문이 생기면 이 책을 펼쳐 학자들의 의견을 하나하나 짚어보았습니다. 을유문화사에서 펴낸 『삼국유사』(김원중 제)는 번역이 깔끔해서 좋았습니다. 이 세 가지 책을 주교재

삼아 공부했습니다.

엄마는 기묘하고 신비로운 이야기가 거짓이기 때문에 흥미가 사라진다고 이야기했습니다. 저는 어릴 적부터 성당에 다니면서 성경 속 여러 이야기에 친숙합니다. 성경에는 기묘하고 신비로운 이야기가 많습니다. 처음엔 말도 안 되는 이야기라고 여기기도 했습니다만, 어느 순간부터 성경을 쓴 사람들이 기묘하고 신비로운 이야기 '장치'를 통해 중요한 메시지를 전달하려 한다는 것을 눈치 챘습니다. 삼국유사도 성경처럼 중요한 메시지를 기묘하고 신비로운 이야기 장치에 담고 있다고 생각합니다.

엄마 아빠 말을 들으니 좀 이해가 갑니다.

수민 (말없이 고개를 끄덕임)

혜통과 수달 이야기,
보다 근원적인 세계를 향한 자유로운 도전

아빠 삼국유사를 처음 읽었을 때 가장 인상 깊었던 대목이 있습니다. 지금도 이 대목을 생각하면 가슴이 아픕니다. 혜통이 출가하여 승려가 된 이야기입니다. (『우리가 정말 알아야 할 삼국유사』 책을 펼쳐 읽습니다.)

하루는 자기 집 동쪽 시냇가에서 놀다가 수달 한 마리를 잡았다. 살을 발라내고 뼈는 동산에다 버렸다. 아침에 보니 그 뼈가 없어졌다. 핏자국을 따라 찾아보자 뼈는 제 굴로 돌아와 새끼 다섯 마리를 안고 쭈그리고 있었다. 멍하니 바라보고 오랫동안 놀라워하다가 깊이 탄식하며 머뭇거렸다. 문득 속세를 버려 출가하기로 하고, 이름을 바꾸어 혜통이라 했다.(604쪽)

삼국유사를 처음 접했던 때가 2013년입니다. 2012년에 140일이 넘도록 직장에서 파업을 했습니다. 파업이 석 달째 진행될 무렵 갑자기 세상을 떠난 고향 친구의 장례식에 다녀왔습니다. 마치 제가 죽은 것 같았습니다. 파업 기간 동안 물리적 충돌은 없었지만 제 마음속에서는 삶과 죽음을 여러 번 드나들었습니다.

엄마, 수민 (눈을 동그랗게 뜨며 아빠를 바라본다)

엄마 그래서 쌍용자동차 파업했던 분들이 자살하는 건가요?

아빠 함부로 이야기할 수는 없지만 저는 자살한 분들 마음이 한편으로 이해도 갑니다. 법원에서 파업으로 인한 손해를 개인에게 수십억씩 배상하라고 판결해 버리면 저 역시 그분들 같은 선택을 하지 않으리라 장담할 수 없을 겁니다.

파업 당시 '나에게는 아내와 두 딸이 있다' 는 생각이 강력한 지지대가 돼 주었습니다. 삼국유사에서 혜통의 이야기에 나오는 수달은 죽어서도 자식을 아끼는 마음을 버리지 못합니다. 삶과 죽음이라는 경계조차 막지 못하는 것이 부모와 자식 간의 관계입니다. 이 대목을 읽으면서 제가 마치 어미 수달 뼈를 바라보는 혜통이 된 것처럼 놀라워하다 머뭇거렸습니다. 혜통은 분명 삶과 죽음, 부모와 자식이라는 인생에 주어진 분명한 경계에 묶이기보다 좀 더 근원적인 세계를 향해 자유롭게 도전해보고 싶다는 생각을 했을 겁니다. 그래서 차라리 출가하여 승려가 됐을 겁니다.

'혜통은 결혼을 하지 않았고 자식이 없었기에 출가하였다. 지금 나는 아내와 자식이 있기에 출가하지는 않을 것이다. 그러나 출가하지 않는다고 보다 근본적인 질문에 뛰어들지 못하겠는가? 혜통은 승려가 되고자 도전했지만, 나는 지금의 내 주변 상황을 그대로 받아 안은 채 도전하는 사람이 되겠다!' 라고 다짐했습니다.

엄마 아빠 설명을 들으니 이해가 됩니다.

의상과 원효 이야기, 성스러움과 세속적인 세상이 곧 하나라는 진리

아빠 혜통과 수달 이야기 외에도 조신의 꿈 이야기를 빼놓을 수 없습니다. 조신의 꿈 이야기는 강원도 낙산사를 둘러싼 이야기입니다. 저는 고등학교 수학여행으로 낙산사에 갔습니다. 낙산사를 둘러봤던 기억 덕에 더욱 생생하게 느꼈을 수 있습니다.

낙산사 인근 지역 사찰의 관리자로 와 있던 조신이 태수의 딸을 사모하는데, 꿈에 사모하던 태수의 딸과 결혼하여 아이를 다섯이나 낳습니다. 그러나 가난과 질병에 징글징글하게 허덕이다 꿈에서 깨어납니다. 꿈속에서 어찌나 마음고생을 했는지 하룻밤 만에 수염과 귀밑머리가 하얗게 새었습니다. 비록 하룻밤 꿈이었지만 삶의 허무함을 가슴 깊이 깨닫고 평생 수행에만 정진한다는 이야기입니다. (『우리가 정말 알아야 할 삼국유사』 506~507쪽)

앞서 읽었던 혜통의 수달 이야기는 짧으면서도 울림이 강했던 반면, 조신의 꿈 이야기는 묘사와 표현이 대단히 구체적이면서도 애절합니다. 삼국유사의 저자 일연 스님은 이렇듯 여러 이야기를 삼국유사에 기록하면서 불교의 가르침을 함께 담았습니다.

의상대사와 원효대사가 낙산사에서 관음보살을 만난 이야기도 제가 아주 좋아하는 부분입니다. 엄마와 수민이는 의상과 원효가 함께 중국 당나라로 유학을 떠났다가 원효가 우연히 해골바가지 물을 마시고는 깨달음을 얻어 당나라 유학을 포기하고 신라로 돌아왔다는 이야기를 알고 있지요?

수민 아주 잘 알고 있습니다. (웃음)

아빠 원효와 해골바가지 이야기는 삼국유사에는 없고 다른 책으로 전해지는 이야기입니다. 삼국유사에서는 의상과 원효 이야기가 낙산사를 중심으로 아주 대조적으로 그려지고 있습니다. 먼저 의상 이야기부터 읽어보겠습니다.

옛날 의상 법사가 처음으로 당나라에서 돌아왔을 때, 부처님의 진신이 이곳 동해안 해변 굴 안에 계시다는 말을 들었다. 이 때문에 낙산(洛山)이라 불렀다. (중략)
의상은 7일 동안 재계하였다. 좌구가 새벽녘 물 위로 떠올라와 용천팔부의 시종이 굴 안으로 이끌어져 공중에 예를 갖추고 수정으로 된 염주 한 관을 내어 주었다. 의상이 머리 숙여 받고 물러나는데, 동해 용이 또한 여의보주 한 과를 바치자 법사가 나가 받들었다.
다시 7일 동안 더 재를 올렸다. 이에 진신이 모습을 드러내며 말했다.
"앉아 있는 곳 위의 산 정상에 대나무 두 그루가 솟아 있을 것인즉, 그 곳에 절을 지어야 좋겠다."

법사가 그 말을 듣고 굴에서 나오자, 과연 대나무가 땅에서 솟아 나와 있어, 금당을 짓고 불상을 만들어 모셨다. 불상은 둥싯한 얼굴과 미려한 바탕이었으며, 위엄이 하늘에서 낸 듯하였다. 그러자 대나무가 없어졌으니, 바로 이곳이 진신이 계시던 곳임을 알았다. 그래서 그 절의 이름을 낙산사라 지었다. 법사는 받아온 두 보물을 성전에 잘 모셔두고 갔다. (『우리가 정말 알아야 할 삼국유사』 492~494쪽)

의상은 중국에서 불교를 배우고 돌아와 한반도에 퍼뜨렸습니다. 그러나 낙산사 이야기를 통해 의상이 보여주려는 부처님은 더 이상 중국산 수입품이 아니라 한반도에 이미 존재했던 부처님이 됩니다. 이번에는 원효입니다.

처음에 남쪽 교외에 이르렀는데, 흰 옷을 입은 한 여인이 논에서 벼를 베고 있는 것을 보고, 원효 법사는 희롱조로 그 벼를 좀 달라고 하였다. 그러자 여인은 말라붙은 벼를 희롱조로 주었다. 또 가다가 다리 아래 이르렀는데, 한 여인이 서답 빨래를 하고 있었다. 법사는 물을 좀 달라고 하였다. 여인은 더러운 물을 길러 주었다. 법사는 엎어 버리고 다시 개울물을 떠서 마셨다.

그때 들 가운데 소나무 위의 파랑새 한 마리가 이렇게 울었다. (중략) 그러더니 그 소나무 아래에는 갖신 한 짝만이 놓여 있었다. 절에 도착하여 법사는 관음상이 앉은 자리 아래 다른 갖신 한 짝이 있음을 보았다. 그때서야 알 만했다. 앞서 만난 여자들이 바로 성녀(聖女)이며 진신(眞身)이라는 사실을. 이 때문에 그때 사람들이 들 가운데 소나무를 관음송(觀音松)이라 불렀다.

법사가 굴에 들어가 진신의 모습을 보고자 했으나, 풍랑이 크게 일어 들어가지 못하고 갔다. (『우리가 정말 알아야할 삼국유사』 495쪽)

부처님을 보려고 낙산사로 가던 원효는 두 명의 여성을 만납니다. 논에서 벼를 베며 노동하는 여성과 생리대를 개울물에 빠는 여성입니다. 원효는 이 여성이 누구인지 미처 모르고 농담이나 건넸습니다. 낙산사에 도착해서야 부처님인 줄 알아챕니다. 원효는 거리에서 부처님을 외치던 승려입니다. 원효는 노동하는 여성, 생리하는 여성처럼 당시 사회적으로 별 볼 일 없는 사람들을 진정한 부처님으로 봅니다.

의상처럼 부처님을 만나기 위해 산속에 들어가 일편단심으로 정진하는 모습도 불교의 모습이지만, 길 가다 스치는 사람들에게서 부처님의 모습을 보는 원효의 모습도 분명 불교의 모습입니다. 절에 모셔진 부처님도 부처님이지만 길에서 만나는 사람들도 부처님이라는 겁니다. 의상과 원효의 낙산사 부처님 이야기를 전하는 삼국유사는 참으로 멋진 이야기 책이 아닐 수 없습니다.

엄마 아빠 이야기를 들으니 이해가 됩니다.

아빠 수민이도 이해가 되니?

수민 (웃으며) 네, 저도 이해가 돼요.

아빠 의상의 부처님은 참으로 성스럽습니다. 반대로 원효의 부처님은 세속적입니다. 마치 빛과 어둠처럼 서로 반대편에 있지만 사실 모두 부처님입니다. 고운기 교수님은 삼국유사를 지은 일연 스님의 이름인 일연(一然)에 그 의미가 있다고 말합니다.

일연은 처음 이름이 견명(見明)이었고 불교의 이름을 희연(晦然)이라 지어 밝음[明]과 어둠[晦]을 대조시켰다. 옛사람들이 이름[名] 다음에 자(字)를 지을 때 흔히 하는 방법이다. 그러다가 만년에는 이 둘 곧 밝음과 어둠을 하나로 보겠다는 뜻에서 새로운 이름에 일(一) 자를 넣었다. 밝음이 어둠이요 어둠이 곧 밝음이며, 어둠과 밝음은 종국에 둘이 아닌 하나라는 불교의 깊은 진리가, 일연의 개명 과정에는 숨어 있다. (『우리가 정말 알아야 할 삼국유사』 726~728쪽)

일연 스님은 성스러움과 세속적인 세상이 곧 하나라는 진리를 이름에 새길 만큼 중요히 여겼습니다. 의상의 부처님과 원효의 부처님이 둘이 아닌 하나라는 겁니다. 저는 이런 부분에서 삼국유사가 전하는 이야기에 참으로 감탄했습니다.

여종 욱면 이야기,
가장 천대받는 사람도 노력하면 부처가 될 수 있다

엄마는 삼국유사의 첫 부분에 나오는 여러 임금의 탄생 설화가 별로 재미없다고 했습니다. 그런데 중반부부터는 보통 사람들, 아니 사회적으로 천대받고 연약하기 이를 데 없는 사람들 이야기가 나옵니다. 노힐부득과 달달박박 이야기는 태중에 아이를 가진 여인이 부처님이라고 말합니다. 임산부야말로 가장 연약하면서도 보호받아야 할 사람입니다. 절간에 여인이 발을 들여놓아서는 안 된다는 계율만 지켜서는 결코 부처님을 만날 수 없다는 가르침을 주고 있습니다. 도움이 필요한 사람을 즉시 돕는 게 바로 부처님을 만나는 방법이며 또한 자신이 부처님이 되는 방법이라는 겁니다. 계집종 욱면 이야기는 부유층의 돈으로 부처님 섬기는 것도 중요하지만 사회적으로 가장 천대받는 사람이 자신의 노력으로 부처님이 될 수 있다는 이야기입니다. 삼국유사 원문을 읽어보겠습니다.

경덕왕 때였다. 강주의 뜻 있는 선비 수십 명이 서방정토에 가기를 바라면서, 그 근처에 미타사를 세우고 1만 일을 기약하는 계를 만들었다. 그때 귀진 아간의 집에서 일하는 여종 중에 욱면이라고 있었다. 자기 주인을 따라 절에 가서, 마당 가운데 선 채 승려들이 하는 대로 염불을 했다. 주인이 제 일을 하지 않는 것을 미워하여, 날마다 곡식 두 섬씩 주고 하루 저녁에 찧도록 했다. 욱면은 밤 8시쯤 다 찧고 나서 절에 와서 염불을 했는데, 하루라도 게을리 하지 않았다.

마당 양쪽에 장대가 서 있었다. 욱면은 새끼줄로 양쪽 손을 뚫어 장대 위에 연결하고, 양쪽을 왔다 갔다 하며 있는 힘을 다했다. 그때 천사가 공중에서 부르는 소리가 났다.

"욱면 처자는 법당으로 올라가 염불하라."

절에 모인 사람들이 이를 듣고 권하니, 욱면은 법당에 올라 순서에 따라 열심히 염불했다. 얼마 있다 하늘의 음악소리가 서쪽에서 올라오더니만, 욱면이 지붕을 뚫고 솟아올라 서쪽으로 향했다. 가다가 동네 밖에 이르러 몸을 버렸는데, 진신으로 변해서 연대에 앉아 밝디 밝은 빛을 뿜었다. 서서히 가는 동안 음악소리는 하늘에서 그치지 않았다. 그 법당에는 지금도 구멍 뚫린 자리가 있다고 한다.

(『우리가 정말 알아야 할 삼국유사』 624쪽)

욱면이라는 여자 종이 성불하는 이야기입니다. 루카복음이나 사도행전에 나오는 예수님 승천 장면이 연상되기도 합니다. 지역 유지들이 돈을 내어 절을 세우고 부처님께 빌었다는 부분은 현세의 복락이 내세에서도 유지되기를 바라는 마음입니다. 그러나 지금은 비록 노동에 지친 종살이를 하는 욱면이지만 노동을 마치고 나면 절 마당 한편에서 손바닥을 줄로 꿰고 염불을 외웁니다. 돈보다 마음이 훨씬 중요하며, 육신은 한낱 껍데기일 뿐임을 아는 이가 진짜 부처님이라는 의미입니다.

엄마 아빠 이야기를 들어보니 삼국유사가 참으로 엄청난 이야기를 담고 있네요. 이 두꺼운 책을 곱씹어 읽어야 가능한 해석이네요.

아빠 책을 끝까지 읽어야 합니다. 좋은 책을 찾아 손에 쥐었으면 처음에 재미가 없어도 끝까지 읽어야 한다고 강조하고 싶습니다. 책이 훌륭한 이유를 반드시 책 안에서 찾기 바랍니다. 분명히 있습니다. 그것을 찾아내기 위해 처음부터 끝까지 읽어보고 곱씹어 생각하는 습관이 중요합니다.

엄마에게 묻습니다. 수민이와 수린이 낳을 때 태몽이 있었나요?

엄마 수민이와 수린이 태몽이 똑같았습니다. 커다랗고 검은 구렁이가 꿈에 나왔습니다. 그렇게 큰 뱀을 본 적이 없어요. 그렇게 큰 뱀을 구렁이라고 부른다는 것도 나중에 알았어요. (의자에서 일어나서 손바닥을 수린이 키 높이만큼 들어올리며) 이 정도로 두꺼운 검은 뱀이 제 옆을 스르륵 지나갔어요. 너무 무서워서 아무 소리도 안 내고 꼼짝도 안 했어요.

아빠 제가 강조하고 싶은 부분이 바로 이 부분입니다. 전기로 자동차가 움직이고 로켓을 타고 지구 밖으로 나가는 이 시대에도 '나는 누구인가?' 를 이야기할 때 태몽부터 이야기합니다. 기묘한 이야기는 삼국유사에만 있는 게 아니라 우리 주변에서 늘 함께하고 있습니다.

수민, 수린 (아빠 이야기는 듣지 않고 자기들끼리 얽혀 거대한 구렁이가 지나가는 흉내를 내고 있음)

엄마 삼국유사를 처음부터 끝까지 다시 읽어봐야겠습니다.

수민 삼국유사 재미있었습니다. 아빠가 자세하게 설명해줘서
  더 좋았습니다.

아빠 제가 너무나 사랑하는 삼국유사 이야기를 가족과 함께
  나누어서 행복했습니다.

『삼국유사』 독서토론을 마칩니다.

법구경

아이들과 엄마는 만화책 『법구경』(전재성 글, 마정원 그림, 주니어김영사)을 읽고, 아빠는 법정 스님이 번역한 『진리의 말씀, 법구경』(법정, 이레)을 읽었다.

마음을 다스리는 지혜가 가득한 책

법구경은 가장 초기에 쓰인 불교 경전이면서 동시에 세계적으로 가장 널리 읽히고 있는 경전이다. 구전되어온 부처님의 말씀이 『담마빠다(Dhammapada)』라는 이름의 책으로 쓰였다. 담마빠다는 '진리의 말씀'이라는 뜻이다. 이것을 중국 오(吳)나라 유기란이 한자로 번역하면서 'Dhamma'는 법(法)으로 'Pada'는 구(句)로 번역했다. 이렇게 하여 법구경(法句經)이라는 이름이 생겨났다.

기원전 6세기, 석가모니 부처님은 6년간의 수행 끝에 서른다섯 살에 보리수 아래에서 인간이 괴로움과 비참함에서 벗어나 해탈에 이르는 비밀을 깨달았다. 자신이 깨달은 지혜를 이해할 수 있는 사람이 과연 몇 명이나 될까 걱정했다. 결국 생각을 바꿔 사람들을 가르치기로 결정하고 분명하고 간명하게 가르쳤다. 이후 여든 살에 열반하기 직전까지 무려 45년 동안 제자들을 가르쳤고 제자들은 부처님 말씀을 암송하여 후대에 전했다.

입에서 입으로 전해 내려오는 부처님의 가르침은 참으로 소박하다. 불경 중 가장 초기에 저술된 법구경은 초등학생이 이해하고 좋아할 정도로 간단명료하다.

『법구경』
독서토론을
시작합니다.

엄마 제가 법구경에 관심을 가지게 된 것은 순전히 두 딸들 덕분입니다. 그 전까지 저는 법구경이 민법이나 형법 같은 법을 구경한다는 뜻으로 생각했습니다. 초등학교 3학년 수린이는 법구경을 읽고 있습니다. 사실 요즘 수린이는 눈물이 많습니다. 음악을 듣다가 영화를 보다가 어느새 눈물을 흘립니다. 그 무렵 수민이도 자주 눈물을 흘리곤 했습니다. 초등학교 3학년이던 수민이가 학습만화 『법구경』을 보여주면서 했던 말을 잊지 못합니다.

"엄마! 내 인생에 지침이 될 책을 찾았어요!"

전 세계적으로 초등학교에 보내는 시기, 즉 만 6~12세를 '학령기'라 부릅니다. 그리고 만 10~13세를 '초기 청소년기'라 부릅니다. 만 10세 전후, 태어난 이후 최초로 독립된 자아가 형성되는 시기입니다. '어떻게 살아가지?' 라는 고민을 시작하는 시기입니다. 즉 초등학교 3, 4학년이 되면 무엇인가를 본격적으로 배우고 싶다는 마음이 저절로 일어납니다. 바로 이 시기에 큰아이도 작은아이도 모두 법구경을 읽으며 자신의 마음을 다스리는 지혜에 감동을 받았습니다. 두 아이 모두 법구경을 읽으면서 소용돌이치던 마음이 편안해짐을 느꼈다고 합니다. 두 아이 덕분에 저도 법구경을 읽으면서 마음이 편안해졌습니다.

수민이에게 묻습니다. 수민이는 평소 고민을 많이 하는 편입니다. 10년 후, 30년 후에 일어날 일을 미리 고민하고, 10년 전 일을 지금까지도 고민합니다. 법구경을 읽으면서 어떤 도움을 받았습니까?

수민 저는 물그릇과 소금의 비유가 특히 마음에 와 닿았습니다.

작은 그릇의 물에는 소금을 조금만 넣어도 짜. 그러나 큰 대야의 물은 웬만큼 소금을 넣어도 짜지 않아. 그릇은 사람에, 물은 선행에, 물의 양은 공덕에, 소금은 악행에, 짠맛은 악행의 과보에 비유해보자. 착하고 건전한 행위의 공덕이 작은 사람은 작은 그릇과 같아 조그마한 잘못으로

도 그 결과가 악하게 나타나겠지? 그러나 착하고 건전한
행위의 공덕이 많은 사람은 큰 그릇과 같아 웬만한 잘못
을 저질러도 그 결과가 악하게 나타나지 않는 거야.

저는 예전에 제가 저질렀던 일이 자꾸 생각나서 몹시 괴로웠
습니다. 과거에 잘못한 일이 있어도 이제부터 잘하면 되는
데, 이것을 깨닫지 못했습니다. 법구경에서 이 대목을 읽으
면서 용기가 났습니다. 원문을 읽겠습니다.

이전에 방일했던 사람도 뉘우쳐 방일하지 않으면 마치 구
름을 벗어난 달처럼 이 세상을 비춘다. 악한 행위를 했어
도 착하고 건전한 것으로 그것을 덮으면 마치 구름을 벗
어난 달처럼 이 세상을 비춘다.

아빠 제가 읽은 책에서 수민이가 읽은 구절을 찾았습니다. 법
정 스님은 이렇게 번역하셨네요.

어쩌다가 못된 짓을 했더라도 착한 행동으로 덮어버린다면
그는 이 세상을 비추리라. 구름을 벗어난 달처럼.(『진리의 말

씀, 법구경』, 이레)

저는 '구름을 벗어난 달처럼'이라는 표현을 알고 있었습니다. 근심에서 벗어나 절대 자유에 다다른 마음의 상태를 일컫는 참으로 멋진 표현으로 기억합니다. 그러나 정확한 출처를 모르고 있었는데 이제야 법구경이 출처이며 부처님 말씀인 것을 알았습니다. 부처님은 멋진 시인이었나 봅니다. 법정 스님이 번역한 법구경을 읽으며 저 역시 몇몇 구절이 크게 와 닿았습니다.

자기야말로 자신의 주인이고 자기야말로 자신의 의지할
곳. 그러니 말장수가 좋은 말을 다루듯이 자기 자신을 잘
다루라 (『진리의 말씀, 법구경』, 이레)

방종하지 말고 자기 마음을 지키라. 늪에 빠진 코끼리처럼
어려운 곳에서 자기를 구하라(『진리의 말씀, 법구경』, 이레)

예전에 읽은 『숫타니파타』나 이번에 읽은 『진리의 말씀, 법구경』 모두 자기 자신을 어떻게 대해야 하는지 설명하는 구

절이 많습니다. 자기 자신을 잘못된 방향에서 구하여 옳은 길로 가게 해야 합니다. 늘 자기 자신을 아끼며 사랑해야 합니다. 살다 보면 어느 순간 괴로움과 시기, 질투에 빠져 있는 자기 자신을 만날 때가 있습니다. 자신의 의지와 상관없이 분노가 치밀고 화가 나기도 합니다. 한순간 불을 뿜으며 날뛰는 말처럼 걷잡을 수 없는 분노 혹은 괴로움에 물든 자신을 만날 때가 있었습니다. 그때 있는 그대로 자신의 모습을 지켜보면서 천천히 숨을 고르고 몸에서 힘을 뺐더니, 마치 버둥거리던 말이 고삐가 잡혀 안정을 찾는 것처럼 서서히 진정하는 경험을 했습니다.

법구경은 좋은 친구의 중요성을 이야기합니다.

생각이 깊고 총명하고 성실하고 지혜로운 도반이 될 친구를 만났거든 어떤 어려움이 있더라도 극복하고 마음을 놓고 기꺼이 함께 가라(『진리의 말씀, 법구경』, 이레)

지혜로운 수행자가 처음 할 일은 감각을 지키고 만족할 줄 알고 계율에 따라 절제하고 맑고 부지런한 친구와 사

귀는 일이다 (『진리의 말씀, 법구경』, 이레)

좋은 친구라면 기꺼이 함께하고, 투명하게 바라보며 아껴주
라는 가르침을 배웁니다.

엄마 저는 법구경에서 지붕의 비유가 특히 마음에 와 닿았습
　니다.

　　잘못 엮여진 지붕에 비가 새듯, 잘 닦이지 않은 마음에는
　　탐욕이 스며든다. 잘 엮여진 지붕에 비가 새지 않듯, 잘
　　닦인 마음에는 탐욕이 스며들지 않는다. (『만화 법구경』, 주
　　니어김영사)

그동안 저는 목표를 위해 제 자신의 욕망은 철저하게 차단
하며 살았습니다. 그러다가 인문고전을 읽으면서 제 자신의
욕망을 관찰하기 시작했습니다. 그동안 딸로서, 며느리로
서, 엄마로서 살며 자신의 욕망을 억눌렀다면, 이제는 제 욕
망이 자연스럽게 흐르도록 지켜보며 기록하고 관찰하고 있
습니다. 인생에서 처음으로 마음속 깊은 곳에 숨겨둔 욕망

에 관심을 갖고 두터운 마음의 벽에 구멍을 내어 욕망이 흐르도록 했습니다. 그랬더니 욕망은 한순간 매력적인 것을 보면 탐욕으로 변했고 혐오스러운 것을 보면 분노로 변했습니다. 탐욕과 분노 사이에서 방황하는 제 자신이 무섭고 두려웠습니다.

법구경은 버리는 노력과 수행의 노력을 강조합니다. 자신의 마음을 잘 닦으면 탐욕이나 분노를 소멸시킬 수 있다고 가르칩니다. 욕망이 탐욕과 분노로 바뀌지 않도록 버리고 수행하는 노력을 해보려고 합니다.

아빠 엄마는 이제 탐욕과 분노를 버리고 수행자로 살겠다는 말씀이군요.

엄마, 수민 (동시에 눈을 크게 뜨며 손사래를 친다)

엄마 수행자가 아니라 수행하며 살겠다는 말입니다.

아빠 수행자로 살겠다는 의미가 수행하며 살겠다는 뜻 아닌가요?

엄마 아닙니다. 둘은 의미가 다릅니다. '수행자' 라는 카테고리에 제 자신이 묶이는 게 싫습니다. 답답합니다. 수행하며 살고 싶지만 '수행자' 라는 이름이 붙는 것은 싫습니다.

아빠 그렇군요. 저는 거꾸로 '수행자' 라는 이름에 제 자신을 세우고 싶습니다. 법구경을 읽으면 '수행자' 라는 표현이 여러 번 나옵니다. 아주 좋은 의미로 사용되고 있습니다. 좋은 이름 속에 제 자신을 두고 일으켜 세우는 것이 저는 좋은 일이라고 생각합니다.

제 인생을 제 스스로 결정한 카테고리 속에 세운 경험이 별로 없습니다. 십 대 시절에 중학교에서 중학생으로 살았지만 제 스스로 결정한 것이 아니라 국가가 저에게 중학생이 되라고 한 결과였습니다. 이후 고등학생이 되었지만 이 역시 국가가 저에게 지정한 것이었습니다. 나이 마흔이 넘어 처음으로 '작가' 가 되고 싶다고 꿈꾸었습니다. 제가 선택한 '작가' 라는 카테고리 속에서 자신을 일으켜 세우고 싶습니다.

엄마, 아빠, 수민 온 가족이 법구경을 읽고 마음을 나누어 보니 참 좋습니다.

『법구경』 가족 독서토론을 마칩니다.

소크라테스의 변명

중학생 큰아이가 먼저 『소크라테스의 변명−진리를 위해 죽다』(안광복, 사계절)를 읽고 토론을 제안했다. 엄마 아빠도 따라 읽고 가족 독서토론에 참여했다.

자유로운 삶은 어떻게 가능한가

서양 인문고전 목록에서 결코 건너뛸 수 없는 『소크라테스의 변명』을 쉽고도 재미있게 구성한 책을 찾았다. 안광복 선생이 쓴 『소크라테스의 변명—진리를 위해 죽다』. 저자 안광복 선생은 '김빠진 사이다에 김을 불어넣는 마음'으로 『소크라테스의 변명』 원문과 함께 2500년 전 고대 그리스의 문화와 정치 상황을 조목조목 설명한다. 김빠진 사이다는 이제 한 편의 잘 짜인 법정 드라마로 변모했다. 저자의 깊은 내공 덕에 화석이 보석으로 탈바꿈했다.

기원전 469년, 아테네에서 석수장이 아버지와 산파였던 어머니 사이에서 태어난 소크라테스는 필로폰네소스 전쟁에 참전하여 공을 세운 참전용사였다. 전쟁터에서 돌아온 소크라테스는 일은 하지 않고 동료들과 철학 토론을 벌였고 그를 따르는 젊은이들이 늘어갔다. 소크라테스의 관심사는 우리가 매일 사용하지만 한 번도 깊게 생각해본 적 없는 본질적인 개념을 캐묻고 밝혀내는 일이었다. 정의, 충성, 사랑 같은 개념의 본질을 묻고 또 묻는 소크라테스 앞에서 사람들은 자신이 잘 알고 있다고 생각해온 것들이 얼마나 근거 없는 것이었는지 깨닫는다.

문제는 당대 권력자들이 소크라테스의 인정사정없는 질문 공세에 심한 모욕감을 느꼈다는 것이다. 결국 '젊은이를 타락시키고 국가가 인정한 신을 믿지 않는다'는 이유로 고발당한다. 요즘으로 치면 '국가 전복'에 해당하여 사형을 당할 수도 있는 대역죄 혐의이다.

권력자들이 소크라테스에게 원한 것은 침묵이었다. 대개 이 정도로 겁을 주면 나라 밖으로 도망치거나 아니면 입을 다물고 조용히 지내 겠다고 약속할 것이다. 그러나 소크라테스는 사형언도를 코앞에 둔 재판정에서 참으로 당당하게 자신의 무죄를 설명한다. 캐묻지 않는 삶은 살 가치가 없다고 잘라 말한다. 권력자들이 듣고 싶어 하는 말을 하지 않고 자신의 내면에서 흘러나오는 소리를 정직하게 설파하다가 결국 사형을 당한다.

사형을 당하였으니 소크라테스의 변명은 실패한 변론이다. 그러나 역사는 소크라테스를 실패자가 아니라 진정한 자유를 보여준 인류의 스승으로 기록했다. 진정한 자유는 전통과 권위, 사회적 통념 속에 묻혀 버리기 쉽다. 그러나 진리를 캐묻는 이에게 진정한 자유는 서서히 모습을 드러낸다. 저기 먼 곳이 아니라 바로 자신의 내면에서 찾아낸 진리를 통해 우리는 스스로의 주인이 될 수 있다. 스스로의 주인으로 살고 싶은 분에게 안광복 선생의 해설이 빛나는 『소크라테스의 변명, 진리를 위해 죽다』를 권한다.

수민 학교에서 읽을 책을 가져오라고 했는데, 서가에 있던 이
책을 집어서 학교에 갔습니다. 쉬는 시간과 독서 시간에
책을 읽었는데 재미있었습니다.

아빠 수민이가 느낀 소크라테스를 한 마디로 표현한다면 어
떤 단어가 떠오르나요?

수민 음… 소크라테스에 대해서는 한마디로 '허세' 라고 말하
고 싶습니다. 재판에서 적당히 타협했으면 죽음까지는 가
지 않고 살아남아 좀더 자신의 뜻을 펼칠 수 있지 않았을
까요? 소크라테스와 정반대 행동을 취한 사람으로 지동설
을 주장하다 종교재판에 넘겨진 갈릴레이가 생각납니다.
갈릴레이는 종교재판에서 살아남기 위해 자신의 주장을

재판정에서 저주했습니다.

엄마 하지만 소크라테스가 재판에 굴복하여 살아남았다면 역
　　사는 소크라테스를 비겁한 사람으로 기록했을 겁니다.

수민 그것도 맞는 말이네요.

아빠 수민이는 이 책을 통해 무엇을 얻었습니까?

수민 소크라테스가 어떤 사람인지를 알 수 있었습니다. 사실
　　저는 이전에 이미 소크라테스를 다룬 학습만화를 여러 권
　　보았습니다. 그 책들은 한결같이 소크라테스에 대한 칭찬
　　과 칭송만 있었습니다. 그런데 이 책은 학습만화와 달랐습
　　니다. 있는 그대로의 소크라테스를 만난 느낌이었습니다.
　　이 책에서 만난 소크라테스는 시장판에서 어슬렁거리다가
　　밤늦게까지 사람들과 이야기하는… 길에서 만난 백수 같
　　은 보통 사람이었습니다.

아빠 저는 소크라테스의 변명을 읽으며 오랜 궁금증이 풀렸

습니다. '신과 대화하려고 노력하는 사람은 철학을 할 수 없는 사람인가?' 하는 질문을 오랫동안 품고 있었습니다. 소크라테스는 자신의 가슴에서 흘러나오는 소리, 다이몬이라는 신의 소리를 듣고 신의 메시지에 충실한 것이 자신이 진심으로 행한 일이었다고 고백합니다. 요컨대 소크라테스는 신을 부정하지도 않았고 오히려 신의 목소리를 충실히 듣는 사람이었습니다.

사실 사람들에게 철학은 종교나 신학과 철저히 분리된 학문으로 알려져 있고, 철학의 아버지로 소크라테스를 꼽고 있지만, 놀랍게도 소크라테스는 신의 목소리를 듣고 행동하는 사람이었습니다. 소크라테스가 후대에 남긴 감동은 자기 가슴에서 나오는 소리를 진실로 들을 수 있는 태도라고 봅니다. 신의 목소리냐 이성의 목소리냐를 따지는 것보다 더욱 중요한 것이 자기 가슴에서 나오는 소리를 진실로 들을 수 있는 태도라고 생각합니다. 소크라테스는 비록 사형을 당했지만 분명 마음의 소리를 들을 수 있는 사람이었고 행복한 사람이었으며 자유로운 사람이었습니다.

엄마 나는 부끄러웠습니다. 지금껏 일상에서 사소한 문제가 발생할 때, 스스로에게 질문을 던져서 해답을 구하고자 하지 않고 신뢰하는 사람에게 질문을 해서 그가 내린 해답을 쫓아갔고 모든 책임도 그에게 짊어지게 했습니다. 자기 자신에게 질문하고 궁리해보지 않고 남에게서만 질문의 답을 구했습니다. 권위를 향해 끊임없이 질문하는 소크라테스를 읽으며 앞으로는 나도 남에게 해답을 구하지 말고 나 자신에게 묻고 답을 찾아봐야 하겠다고 생각했습니다.

수민 소크라테스는 스스로가 너무 건강하기 때문에 약자를 고려하는 법을 몰랐던 사람 같습니다. 소크라테스는 아테네가 스파르타 같은 사회가 되길 원했는데, 스파르타는 태어난 아기가 약하거나 장애가 있으면 들판에 던져 늑대의 먹이로 주었다고 합니다. 소크라테스는 어떻게 이런 가치 체계를 가진 국가를 좋아할 수 있었는지 이해가 가지 않습니다. 이 책을 읽으며 소크라테스는 밤이 새도록 시장골목에서 사람들과 토론을 해도 지치지 않는 매우 건강한 사람이란 것을 알았습니다. 아마도 자신이 너무나 건강했기 때문에 건강하지 않은 사람들의 마음을 이해하지는 못했던 것 아닌가 싶습니다.

엄마 소크라테스가 매우 건강했기에 약자에 대한 감수성이 부족하지 않았나 싶다는 수민이의 관점이 매우 흥미롭습니다. 소크라테스가 건강하지 않았다면 소크라테스의 진리관이 어떻게 변했을지 궁금합니다. 로이스 로리의 소설 『기억전달자』 같은 작품은 소크라테스와 플라톤의 철인정치가 가진 한계점을 드러내는 현대문학이라고 생각합니다. 『기억전달자』에 등장하는 미래 사회는 혼란을 사전에 100퍼센트 통제하기 위해 선천적인 장애가 있는 아이를 인공적으로 소멸시키는데, 주인공 조너스는 약하게 태어난 동생을 지키기 위해 통제된 사회 밖으로 탈출합니다. 소크라테스가 기본적으로 놓치는 부분이 바로 신체적 약자를 사회가 어떻게 포용할 것인가 하는 질문이라고 생각합니다.

아빠 오늘 토론 참 좋았습니다. 저도 여러 가지 새로운 생각을 해볼 수 있었습니다.

수민 질문이 있습니다. 우리는 어떻게 진리를 알 수 있나요?

아빠 앗!… 그게 말이지 … 대답하기 아주 어렵습니다.

엄마 끊임없이 질문을 던지고 답을 구해가는 과정을 통해 진리에 이르는 것이라고 생각합니다. 그런데 진리라는 것이 시대나 사회에 영향을 많이 받는 것 같습니다. 진리란 고정된 것이 아니라 변화하는 것이라는 생각도 듭니다.

아빠 그렇다면 우리는 결국 진리를 알 수 없는 건가요?

엄마, 수민 (대답을 하지 않고 골똘히 생각하는 표정을 지음)

아빠 수민이의 마지막 질문 '우리는 어떻게 진리를 알 수 있는가?'는 아주 좋은 질문이라고 생각합니다. 이 자리에서 답을 내기보다 앞으로 계속 생각하기로 하고 이만 토론을 마치는 게 좋겠습니다.

엄마, 수민 그래요. (일동 박수)

『소크라테스의 변명』 독서토론을 마칩니다.

피터 히스토리아

『피터 히스토리아』는 2권으로 이루어진 역사 만화다. 정확한 제목이 『피터 히스토리아, 불멸의 소년과 떠나는 역사 시간여행』(교육공동체 나다 글, 송동근 그림, 북인더갭)이다. 중학교 1학년 큰딸뿐만 아니라 초등학교 3학년 작은딸도 즐겁게 읽었다. 몇 해 전 큰딸이 학교도서관에서 읽고 나에게 소개했다. "아빠! 이 책은 역사를 다루지만 철학과 문학이 녹아 있어요. 철학을 좋아하는 아빠와 문학을 좋아하는 엄마도 분명 좋아할 거예요"라며 반짝이는 눈동자를 굴리던 큰딸의 얼굴이 지금도 생생하게 기억난다. 그동안 작은딸은 당연히 읽었고 이제 가족토론을 앞두고 엄마도 완독했다. 작은딸은 엄마의 독서 진도를 매일매일 확인하며 엄마가 끝까지 읽도록 응원했다.

질문하는 역사 책

주인공 피터는 시간 여행자다. 고대 메소포타미아 문명부터 현대 이라크전쟁까지 피터는 13살 소년의 모습으로 기나긴 역사를 살아간다. 여러 나라를 여행하며 피터는 피에트로, 페트로스, 피에르 등 여러 이름으로 불린다.

즐겁거나 유쾌한 타임머신 이야기를 상상하면 안 된다. 피터는 고되고 힘든 싸움의 역사 현장 한복판에서 온몸으로 시대와 공감하고 끊임없이 질문한다. 고대 메소포타미아는 인류 최초의 성문법이 생겨난 곳이다. 이 법에는 노예제도를 통해 사람이 사람을 부려먹고 죽일 수도 있다는 내용이 담겨 있다. 피터는 다른 나라의 침략을 당해 노예로 잡혔다가 자유를 찾아 가까스로 도망친다. 저들은 왜 우리 마을을 침략한 건지, 사람이 사람을 지배하는 게 당연한 건지, 신이 있다면 지배자들과 더 가까운 존재인지 등등의 질문이 끊이지 않고 피터의 마음에서 일어난다. 마침내 질문의 답을 찾아 세상을 여행하기로 마음먹는다. 이렇게 하여 피터의 기나긴 역사 여행은 시작된다.

피터는 고대 그리스에서 지혜로운 노예 이솝(아이소포스)을 만난다. 로마제국의 지배를 받는 이스라엘에서 십자가에 달린 예수를 만난다. 자메이카 섬에서 콜럼버스 일행에게 몰살당하는 아라와크 인디언을 만난다. 이탈리아 피렌체 근처에서 지동설을 논증하는 갈릴레이의 책을 만난다. 바스티유 감옥을 무너뜨리고 삼색기를 흔들며 루이 16세를 사로잡는 프랑스 대혁명을 만난다. 산업혁명기에 공장에서 방적기를 돌리는 올리버 트위스트를 만난다. 폴란드에서 독일군에 저항하는 레지스탕스를 만난다. 이라크 바그다드에서는 반전시위를 펼친다.

『피터 히스토리아』
독서토론을
시작합니다.

우리는 식탁에 둘러앉았습니다. 식탁 한가운데 촛불을 2개 켰습니다.

아빠 책을 선정한 큰딸 수민이에게 묻겠습니다. 이 책의 어떤 점이 재미있었는지요?

수민 학교에서 배우는 역사 교과서는 큰 사건만을 알려줍니다. 그러나 이 책은 교과서에 나오지 않는 숨겨진 이야기를 들려줍니다. 세상에 알려진 사건 뒤로 감춰졌던 이야기를 이해할 수 있었습니다.

아빠 이번에는 수린이가 이 책에서 가장 인상 깊었던 이야기를 해주십시오.

수린 히스토리(History)는 남자들의(His) 이야기(Story)라는 뜻이라면서요? 아주 마음에 들지 않습니다.

수민 히스토리라는 말 대신 남녀 모두의 이야기라는 의미가 담긴 휴스토리(Huestory)라고 하면 좋겠습니다.

수린 2권 158쪽부터 '메어리'라는 여자 주인공이 역사 시간에 선생님에게 강력하게 항의하는 이야기가 나옵니다. 그 부분을 읽어보겠습니다. (수린이는 메어리, 수민이는 역사 선생님의 대사를 소리 내어 읽었고 이내 두 딸 모두 주먹을 움켜쥐며 헐크로 변해갔습니다.)

메어리 왜 역사에 등장하는 인물은 온통 남자들뿐인 거죠? 역사는 남자들이 주인공인 기나긴 이야기 같아요. 알렉산더, 시저, 콜럼버스, 나폴레옹…… 역사는 마치 남자들의 전쟁놀이 같아요. 그 긴 세월 동안 여자들은 대체 뭘 한 거죠? 여자들의 이야기는 어디 있나요?

역사 선생 뭘 그리 대단치도 않은 문제로 소리까지 지르고 그러나, 헤일스 양.

메어리 대단치도 않다니요. 이 세상 절반의 사람들에 대한 이야기인데도요?

역사 선생 남자들의 전쟁놀이라… 재밌는 얘기군. 하지만 전쟁이 비극적이긴 해도 여러 집단이 자신의 이익을 위해 다투는 것은 당연한 거야. 그 싸움의 중심에 남자들이 있었다는 것도 당연한 거고… 왜냐하면… 그건 남자들이 여자들보다 우월하기 때문이 아닐까?

(이 부분에 대해 잠깐 설명을 하면, 인종차별과 남성우월주의가 득세하던 1960년대 미국 샌프란시스코를 배경으로 지배자는 우월하고 피지배자는 열등하다는 당시의 주류 가치관을 보여주는 에피소드이다.)

아빠 자~ 두 따님들은 잠시 분노를 가라앉히겠습니다. 이번에는 엄마 차례입니다. 가장 인상 깊었던 장면이 무엇이었는지요?

엄마 이 책을 읽으며 저는 두 딸들에게 지금 이 시대의 참혹한 모습도 숨기지 말고 이야기해주어야 한다는 것을 배웠습니다. 사실 끔찍하거나 참혹한 뉴스는 아이들에게 보여주거나 설명해주고 싶지 않습니다. 최근에 수민이가 최저임금이 얼마나 되냐고 물었습니다. 시간당 7천 원 정도 한다고 설명해주었죠. (2018년 현재 시간당 최저임금은 7,530원입니다.) 그랬더니 수민이가 그 정도면 충분할 것 같다고 하더군요. 순간 당황했습니다. 있는 그대로 설명해주는게 맞는지 말입니다. 그때 책에서 읽은 장면들이 순간적으로 스쳐 지나갔습니다. 산업혁명 당시 방직공장에서 노예처럼 일하던 어린이들 이야기, 이전에 읽었던 만화 태일이(전태일의 삶을 최호철 만화가가 그린 작품)도 모두 두 딸과 함께 읽었는데 지금 이 시대 최저임금에 대해 이야기해주지 못할 이유가 없다고 판단했습니다. 최저시급을 받는 노동자는 월 100만 원가량을 받습니다. 월 100만 원으로는 일상생활이 가능하지 않다는 것도 설명해주었습니다. 다시 말해 참혹한 현실도 아이들에게 있는 그대로 이야기해줄 수 있어야 한다는 것을 이 책에서 배웠습니다.

아빠 저는 이 책에서 13살 피터가 또 다른 모습의 피터를 만나는 장면이 인상적이었습니다. 또 다른 모습의 피터는 나이가 아주 많이 든 할아버지의 모습입니다. 할아버지 피터는 수많은 역사 여행을 통해 역사에서 자신을 자유롭게 놓아주려고 세상을 등지고 살기로 마음먹고 세상을 피해 외딴 동굴에서 홀로 생활합니다. 그러나 13살 피터는 할아버지 피터의 삶의 방식에 동의하지 않습니다. 13살 피터는 세상 속으로 돌아갑니다. 세상 속에 살아 있는 수많은 나를 만나기 위해서 말입니다.

엄마 최근 신문에서 어느 세월호 생존자의 이야기를 읽었습니다. 세월호 사건에서 살아남았지만 너무나 끔찍한 사건이었기에 트라우마로 고통받아 왔습니다. 그러나 이제는 세월호 생존자들의 모임을 만들고 매년 세월호를 기억하는 활동을 하기로 결정했다고 합니다. 그동안은 잊기 위해 노력했지만 이제는 세월호 사건을 자기 삶의 일부로 받아들이고 죽는 날까지 함께하겠다는 결심으로 읽혔습니다. 바로 이런 결심이 두 모습의 피터 중에서 13살 피터의 모습이 아닐까 합니다.

수민 해외여행을 하면 마음이 편해지지만 한국에 있으면 마음이 불편해지는 이유를 알았어요. 해외여행을 하는 사람은 그 지역이 아름다운 풍경으로 다가오지 삶의 터전으로 다가오지는 않아요. 잠시 머물렀다 떠날 곳일 뿐이에요. 그러니 마음이 편할 수밖에 없어요. 그러나 자신이 발붙이고 살아가야 하는 곳에서는 사람들 사이의 갈등과 생존의 어려움을 느낄 수밖에 없어요. 우리가 한국인이기 때문에 한국으로 돌아오면 다시 마음이 불편해지는 게 너무나 당연해요.

아빠 오늘 역사 토론을 정리해보겠습니다. 역사를 읽는다는 것은 그 시간과 장소에서 나를 찾는 일이다. 역사의 현장에서 그들이 곧 나라는 것을 느끼는 것이다. 이렇게 정리하는 데 동의하시는지요?

수린, 수민, 엄마 동의합니다. (전원 박수)

아빠 마무리하면서 이 질문에 대답을 부탁드립니다. 역사의 현장으로 가본다면 어느 장면으로 가보고 싶으신지요? 책에 나온 장면이어도 좋고 다른 역사의 순간이어도 좋습니다.

수린 예수님 만나보고 싶어요.

수민 1960년으로 가서 태일이를 만나보고 싶어요.

엄마 마음에 드는 역사의 순간이 하나도 없어요.

아빠 에덴동산으로 가서 아담과 하와 만나서 선악과 먹지 못
하게 하고 싶어요.

엄마 그러고 보니 히피들의 마을에서 머리에 꽃을 꽂고 살고
싶다는 생각이 드네요.

아빠 그러면 아빠도 엄마 만나러 히피들 마을로 가겠어요.

수민, 수린 (온몸을 비틀며) 아! 아빠!

정리한 내용 이외에도 많은 이야기가 오고갔습니다. 특히 기

억에 남는 내용이 있는데, 가장 매력적인 인물로 우리는 모두 고대 그리스의 이솝(아이소포스)을 꼽았습니다. 다시 노예로 사느니 목숨보다 소중한 자유를 지키기 위해 차라리 절벽으로 뛰어내리는 이솝이기 때문입니다.

『피터 히스토리아』 독서토론을 마칩니다.

공산당 선언,
자본론

엄마 아빠는 『마르크스의 자본, 판도라의 상자를 열다』(강신준 저, 사계절)를 읽었고, 두 아이는 『마르크스 자본론』(최성희 글, 손영목 그림, 주니어김영사)을 읽고 이어서 슘페터의 『자본주의 사회주의 민주주의』와 세계대역사 학습만화 『마르크스·레닌주의』를 읽었다.
가족 토론에서는 『자본론』으로 시작해 마르크스와 마르크스주의를 바라보는 시선에 대해 주로 이야기했다.

21세기에 마르크스를 읽어야 하는 이유

온 가족이 함께 영화 〈청년 마르크스〉를 봤다. 개봉관도 적고 하루 상영 횟수도 몇 번 없었지만 운 좋게 볼 수 있었다. 영화는 마르크스와 엥겔스의 우정과 투쟁을 따뜻한 시선으로 그려낸다. 경제적으로 곤궁했고 국가로부터 탄압받지만 인류사에 길이 남을 저작을 연이어 집필해내는 마르크스. 공장장의 아들이지만 노동운동에 헌신했던 엥겔스. 마르크스와 엥겔스가 『공산당선언』을 함께 쓰고 발표하는 장면에서 영화는 끝이 난다.

영화관을 나와 일상으로 돌아와서도 짙은 감흥 덕에 두 아이는 주니어 김영사 학습만화로 『마르크스 자본론』, 『슘페터 자본주의 사회주의 민주주의』, 『마르크스·레닌주의』를 차례로 읽고 나는 도서관에서 『공산당선언』을 찾았다. 이진우 교수의 『공산당선언』(이진우, 책세상)과 한국 노동운동의 역사를 『공산당선언』의 시각으로 쓴 『레즈를 위하여』(황광우·장석준, 실천문학사)를 읽었다. 강신준 교수의 『마르크스의 자본, 판도라의 상자를 열다』를 부부가 함께 읽었다.

지금 이 시대에 마르크스주의가 자본주의의 문제를 해결해주리라 믿는 사람은 거의 없다. 그러나 마르크스만큼 자본주의의 문제점을 종합적으로 분석하고 비판한 사상가도 찾기 어렵다. 특히 『공산당선언』은 마르크스를 역사상 가장 영향력 있는 사상가로 만든 기념비적인 작품이다.

짧지만 강렬하다. 170년 전에 쓰였지만 오늘날 사회상에 견주어도 날카로움이 여전하다.

▶ 이제까지 사회의 모든 역사는 계급투쟁의 역사이다.
▶ 부르주아지는 의사, 법률가, 성직자, 시인, 학자 등을 자신들에게서 돈을 받는 임금 노동자로 바꿔놓았다.
▶ 노동자는 빈민이 되고, 사회적 빈곤은 인구와 부가 증가하는 것보다 더 빠른 속도로 확대되고 있다.
▶ 자본주의 아래에서 자유란 상거래의 자유, 판매와 구매의 자유일 뿐이다.

『공산당선언』을 한국인 최초로 번역한 분은 독립운동가 여운형이다. 해방 이후 금서였지만 80년대 후반 민주화 이후 사실상 해금되어 지금도 여러 번역본으로 출간되고 있다. 그중에서도 문고판 『공산당선언』(이진우, 책세상)을 추천한다. 엥겔스가 기독교 교리문답 형식으로 저술한 『공산주의의 원칙』도 수록되어 있다. 무엇보다 이진우 교수의 해설이 좋다.

엄마 수민이는 영화 〈청년 마르크스〉를 보고 난 후 DVD를 꼭 구매하자고 했는데, 영화가 마음에 들었나 보네요? 수민이의 영화 감상평을 듣고 싶어요.

수민 학습만화를 통해 세계의 역사를 바꾼 한 사람으로서 마르크스를 알게 됐습니다. 그런데 학습만화에서 본 마르크스는 얼굴 가득 수염을 기른 노인의 모습이었는데 영화에서는 젊은 시절 마르크스가 나와서 좀 더 친근하게 느껴졌습니다. 영화를 보면 생활비 걱정을 하고 자녀 기르는 것을 걱정하는 등 인간적인 면모를 볼 수 있어서 좋았습니다. '마르크스도 우리와 같은 생활인이었구나' 하는 생각이 들었습니다.

엄마 돌아가면서 영화 속 자신만의 베스트 장면을 꼽아보았
  으면 합니다.

수민 마르크스와 엥겔스가 만나는 장면이 인상 깊었습니다.
  두 사람이 밤이 새도록 술집에서 술을 마시는 대목을 보며
  두 사람의 우정이 부러웠습니다. 저도 나중에 성인이 되면
  꼭 그렇게 해보고 싶습니다.

엄마 젊은 시절 레오나르도 다빈치나 에디슨도 설계도를 많
  이 그렸지만 실제로 구현된 사례는 설계도의 수에 미치지
  못했다고 알고 있습니다. 그러나 마르크스는 엥겔스라는
  좋은 친구를 만나 협력했기에 여러 활동이 결실을 맺을 수
  있었던 것 같습니다.

아빠 영화 끝부분에 해변에서 마르크스와 엥겔스가 대화하는
  장면이 인상 깊었습니다. 공산당선언을 써달라고 재촉하는
  엥겔스에게 마르크스는 가족을 부양하기 위해 밀린 원고를
  두 개나 써야 한다고 이야기하는 장면이 있습니다. 가족을
  부양하는 가장의 마음이 느껴져서 내심 놀랐습니다.

엄마 엥겔스는 아버지와 불화를 많이 겪습니다. 공장장의 아들로 태어났지만 공장에서 일어나는 노동문제를 외면하지 않고 문제를 향해 더 깊이 파고들어가 분석하며 연구하고 개선합니다. 또한 공장에서 아버지를 위해 일하면서도 동시에 마르크스를 발굴해 후원합니다. 이런 모습의 엥겔스를 보면서 현실을 등지지 않으면서도 동시에 세상에 맞서기 위해 할 수 있는 일을 찾는 모습이 인상 깊었습니다.

영화에서 마르크스의 부인 예니와 엥겔스의 연인 메리가 중요한 캐릭터로 소개되는 것도 좋았습니다. 마르크스의 아내 예니는 권태로운 귀족의 삶을 버리고 자유로운 가난을 선택했다고 이야기하는 당찬 인물로 그려집니다. 엥겔스의 연인 메리는 "왜 아이를 낳지 않느냐?"고 묻는 예니에게 "싸우기 위해서는 가난해야 한다"라고 대답합니다. 이 대목에서 저는 두 딸을 낳고 엄마로 살고 있지만, 다음 생에 태어난다면 결혼하지 않고 세상에 맞서 싸우는 인생을 살고 싶어졌습니다.

수민 마르크스는 결점도 있는 사람이었습니다. 악필로도 유명했고, 영어를 잘 못해서 엥겔스가 도와주었다고 합니다.

세계사에 나오는 유명한 사람도 허점이 있는 사람이었다는 점이 흥미로웠습니다.

영혼의 목소리에 귀 기울이는 삶을 향해

아빠 지금도 남상일 선생님이 번역한 『공산당선언』(백산서당)을 가지고 있습니다. 94년도 대학교 1학년 때 학교 근처 서점에서 구입했고 첫 페이지에 붓펜으로 정성스럽게 학번과 이름도 적어놓았습니다. 대학생이 되기 전까지 세상에 계급투쟁 혹은 노동운동이 존재하는지 전혀 몰랐습니다. 고향집에서 조선일보를 구독했고 TV에서 KBS와 MBC 뉴스만 나왔습니다. 서울에서 대학에 다니면서 노동운동을 난생 처음 접했습니다. 철거지역 빈민투쟁도 그때 처음 알았습니다. 세상은 가진 사람들과 빼앗긴 사람들 간에 싸움이 늘 있어왔지만 그때까지 제가 만난 언론과 교육은 이 싸움을 조금도 보여주지 않았다는 사실을 처음 알았습니다. 충격이 컸습니다. 그리고 당연히 계급투쟁에 대해 연구하고 빼앗긴 사람들을 위해 세상에 무엇이라도 외칠 줄 알아야 한다고 생각했습니다. 그때 만난 것이 마르크스와 엥겔스의 『공산당선언』이었습니다.

엄마 저는 부산에서 자라면서 노동자들의 열악한 현실과 노동운동을 늘 접하면서 살았습니다. 당시 부산에는 어묵공장과 신발공장이 많았습니다. 신발공장에서 일하는 노동자들은 긴 시간을 공장에서 일하지만 늘 저임금을 받았습니다. 어린 저는 학교를 졸업하고 사회에 진출하면 신발공장 노동자들보다는 많은 임금을 받고 싶었고 그래서 경영학을 전공했습니다. 대학생이었을 때 선배들로부터 마르크스나 노동운동 이야기를 듣기는 했지만 발을 들이지 않았습니다. 고생하는 엄마 아빠를 위해 더 비싼 몸값을 받는 사람이 돼야 한다는 생각이 늘 앞섰습니다.

요즘은 생각이 달라졌습니다. 그때 세상과 맞서 싸우려 했던 선배들 중에 방송국 PD가 되어 다큐 프로그램 〈추적 60분〉을 담당하는 선배가 있습니다. 이명박 일가의 비리와 삼성재벌의 추악한 모습을 추적해 세상에 고발하다가 수난을 겪었지만 지금도 여전히 세상의 잘못된 권력에 맞서 싸우고 있더라고요. 경영학과를 선택했지만 얼마든지 올바른 삶의 방향성으로 나아갈 수 있음을 그 선배를 보면서 알게 됐습니다.

아빠 엄마가 아주 중요한 이야기를 했습니다. 쉽게 말해 '뜨거운 가슴이 시키는 일을 하라' 는 거군요. '영혼이 알려주는 길을 가라' 는 거군요.

엄마 맞습니다. 집안이나 출신 학교, 자라난 지역 같은 요소보다 인생에서 가장 중요한 것이 '영혼이 가리키는 방향성' 이라고 생각합니다.

수민 저는 공산주의나 사회주의라고 하면 북한이 가장 먼저 떠오릅니다. 그런데 북한도 지배계급과 피지배계급이 존재합니다. 마르크스가 원했던 세계가 북한은 분명 아닐 겁니다.

『자본론』을 보면서 자본가가 어떻게 노동자를 착취하는지 알게 되었습니다. 그리고 슘페터의『자본주의 사회주의 민주주의』를 보면서 마르크스보다 슘페터의 이론이 더 맞는 것 같았습니다. 능력만큼 일하고 필요한 만큼 받아가는 사회가 마르크스가 추구한 세상입니다. 절대적인 중앙권력이 통제하면 가능합니다. 그러나 이런 사회는 게으름이 발생할 수밖에 없고 결국 만들어진 물건은 가치가 하락합니다. 슘페터가 생각하는 사회주의 체제는 마르크스처럼 중앙당국이 절대 권력을 장악하는 사회가 아닙니다. 개인에게 경제 활동에 대한 자유가 주어진 사회주의입니다. 마르크스보다 매력적이었습니다.

어쨌거나 북한의 모습은 분명 사회주의나 공산주의는 아닌 것 같습니다. 그렇다면 이상적인 사회는 어떤 모습일지 책을 읽으면서 계속 생각해보았습니다.

엄마 2018년 7월 7일 자 경향신문에서 유종일 교수님의 '개츠비곡선과 장벽사회'라는 칼럼을 읽었습니다. 오늘 함께 나누고 싶어서 가져왔습니다. 읽어보겠습니다.

"한국에는 개츠비들이 너무 많아. 뭐 하는지 모르겠는데 돈은 많은 수수께끼의 저런 사람들…." 이창동 감독의 화제작 〈버닝〉의 주인공 종수의 말이다. 가난에 허덕이며 자신의 꿈을 포기하고 좌절할 수밖에 없는 종수에게 부자 청년 벤은 F. 스콧 피츠제럴드의 소설 『위대한 개츠비』의 주인공처럼 수수께끼

같은 존재다. 가난한 종수와 부유한 벤 사이에 존재하는 엄청난 격차보다 더욱 심각한 문제는 종수가 아무리 '노~력' 해도 벤처럼 성공할 가능성은 극히 희박하다는 것이다. 우리 시대의 개츠비들은 대부분 애초에 금수저를 물고 태어난 이들이기 때문이다.

1997년 말 IMF 외환위기 이후 중산층 붕괴와 빈부격차 심화가 급격히 진행되었고, 그 결과 불평등이 지나치게 큰 '격차사회' 가 도래하였다. 근래에는 격차사회보다도 훨씬 더 심각한 '장벽사회' 가 도래하고 있다. 아무리 노력해도 계층 상승이 어려운 사회가 바로 장벽사회다. 장벽에 가로막힌 이 시대의 청년들은 '이생망' (이번 생은 망했다)이라고 자조하고 있다. 이러한 좌절은 청년에게 국한된 게 아니다. 현대경제연구원의 조사에 의하면 '개개인이 열심히 노력하더라도 계층 상승 가능성이 낮다' 고 생각하는 국민의 비중이 점차 늘어나 작년에는 무려 83.4%에 이르렀다. 경제협력개발기구(OECD)의 최근 보고서에 따르면 한국의 소득 하위 10% 가구에 속한 자녀가 중산층에 도달하기까지 5세대가 걸린다. 한 세대를 30년으로 계산하면, 무려 150년이 걸리는 셈이다.

격차사회와 장벽사회의 관계는 슘페터호텔과 개츠비곡선을

통해 알아볼 수 있다. '창조적 파괴'라는 문구로 유명한 조지프 슘페터는 불평등에 관해 다음과 같은 비유를 했다. 층수가 높을수록 방이 크고 좋은 고층 호텔이 있다고 하자. 꼭대기 층에는 소수 사람만이 호사스러운 방을 차지하고, 맨 밑바닥 층에는 수많은 이들이 작은 방에 꾸겨서 들어앉아 있다. 이것은 한 시점에서 불평등한 분배를 보여준다. 그런데 매일 한 번씩 손님들이 방을 바꾸도록 하면 어떻게 될까? 오늘의 부자가 내일의 가난뱅이가 되기도 하고, 오늘의 가난뱅이가 내일의 부자가 되기도 할 거다. 슘페터는 이러한 계층 이동성이 충분히 존재한다면, 한 시점에서 불평등이 심한 것은 별문제가 되지 않는다고 보았다.

장벽만 없으면 격차 자체는 큰 문제가 아니라는 슘페터의 논리는 옳다. 이때 격차는 노력을 유발하는 인센티브로서 순기능을 한다. 위층으로 올라가려는 노력들이 모여 경제 발전으로 나타난다. 하지만 이 논리에 결정적 허점이 있음이 드러났다. 격차가 커질수록 장벽이 높아진다는 사실이다. 오바마의 경제자문회의 의장이던 앨런 크루거는 소득불평등과 세대 간 계층 이동성의 국제비교를 통해 이 사실을 발견하고, 이 관계를 '위대한 개츠비곡선'이라 명명하였다. 오랫동안 많은 미국인들은 미국 경제의 모습이 슘페터호텔과 유사하다 믿었다. 소득불평등이 심한 건 사실이나, '기회의 땅' 미국에서는 열심히 노력하면 누구나 '아메리칸 드림'을 이룰 수 있다고 믿었다. 하지만 이런 믿음은 신화에 불과했다. 생각해보면 위층과 아래층의 간격이 커질수록 계단 오르기가 힘들어지는 것은 당연하다. 현재의 불평등이 클수록 교육과 연줄, 그리고 상속을 통해 자식세대의 불평등이 커지는 것이다.

우리나라에서도 격차가 장벽으로 전환되는 과정이 진행되어 왔다. 무엇보다 과거에 계층 사다리의 역할을 톡톡히 하였던 교육이 이제는 오히려 계층을 고착화하고 대물림하는 수단이 되고 말았다. 부실한 공교육과 불공정한 입시제도로 인하여 부모의 경제력이 상위권 대학 진학에 큰 영향을 미치고, 비싼 학비로 인하여 대학 진학 후에도 집안 사정이 어려운 학생은 학업과 학점 취득에 상당한 불이익을 받는다. 교육과정을 마치고 취업을 하는 과정에서 출신대학에 따른 차별은 좀처럼 극복하기 어려운 현실이며, 집안 배경은 스펙과 연줄을 매개로 좋은 일자리를 얻는 데 다시 한번 추가적인 영향을 미친다. 상속증여가 또한 장벽을 높이고 있다. 국세통계자료를 보면 상속재산과 추정상속재산, 그리고 증여재산을 포함한 총 상속

증여재산가액은 2012년 약 21조원에서 2016년 약 32조원으로 늘었다. 김낙년 교수의 연구에 의하면 전체 민간자본에서 상속자본이 차지하는 비중이 급격하게 증가하고 있다. 토마 피케티는 『21세기 자본』에서 자수성가한 부자보다 상속부자가 더 많은 부와 특권을 누리는 사회를 '세습자본주의'라고 규정했는데, 우리나라의 최고 부자들 중 자신의 손으로 부를 일군 경우는 별로 없다. 우리나라는 국제비교에서 상속부자의 비중이 압도적으로 높은 나라다. 일반인에게도 상속자본의 중요성이 극명하게 드러나는 것이 주택 소유 계층과 무주택 계층의 차이다. 무주택자는 늘어나는 주거비 부담 때문에 소비 여력이 제한되는 반면, 주택 소유자는 가격 상승에 따른 막대한 자본이득을 향유해왔다.

장벽이 너무 높으면 격차는 노력을 유발하기보다 자포자기를 낳는다. '3포 세대' 혹은 'n포 세대'라고 표현되는 청년층의 자포자기는 도전정신의 실종으로 인한 '공시족' 현상, 극심한 저출산에 따른 인구절벽 문제, 주식 단타매매나 가상통화 등에서 보듯 세계 최고의 투기 성향 등을 낳았다. 장벽은 또한 사회적 갈등을 낳는다. 엄청난 격차와 장벽으로 가로막힌 갑과 을 사이의 갈등은 물론이고, 생존을 위해 과잉경쟁에 시달려야 하는 을과 을 사이의 갈등도 심각하다. 갈등과 경쟁이 넘쳐나는 사회 분위기 가운데서 갈수록 집단이기주의가 발호하고 있다. 이러한 장벽사회의 병리현상을 방치하고는 우리 경제의 활력을 되찾는 일도 요원할 것이다.

이제 장벽을 낮추고 허물어야 한다. 이를 위해서는 거대한 자산을 소유하고 상속하는 계층에게 그에 상응하는 세부담을 지우고, 늘어난 세수로 사회안전망을 확충하고 공교육의 질을 높여야 한다. 획기적인 조세개혁과 교육개혁이 필요하다. 정부가 준비하는 종부세와 금융소득과세 개편안 등을 보면 획기적인 것과는 거리가 멀다. 교육 분야도 마찬가지다. 장벽사회의 병리현상이 깊어가는 현실에서 더 이상 기득권자들의 반발을 두려워하여 멈칫거려서는 안 될 일이다.

(엄마가 칼럼을 통째로 읽었습니다. 수민이와 아빠는 귀 기울여 들었습니다.)

아빠 한국사회는 자수성가한 부자가 없고 가면 갈수록 상속 증여를 통한 부자만 늘어가고 있다는 거네요. 아메리칸 드림으로 상징되던 미국도 한국처럼 기회가 사라지고 불평등이 커가고 있다는 거고요. 거대 자산을 상속하는 계층에게 세금을 더 내게 하여 사회안전망을 확충하고 공교육의 질을 높여야 한다는 내용에 공감이 갑니다. 오늘 토론을 정리하면서 돌아가면서 이야기를 했으면 합니다.

수민 영화 청년 마르크스와 자본론을 읽으면서 보다 다양한 세계를 접할 수 있었습니다.

엄마 일중독에서 벗어나겠습니다. 경영학과를 다니던 20대 시절부터 나는 부가가치를 창출하는 사람이 되고 싶었습니다. 더 많은 부가가치를 창출하려다 보니 직업병으로 회사를 그만두기도 했습니다. 일중독은 결국 병들고 아픈 몸만 남깁니다. 스스로 예전에 비해서 일중독 증세가 훨씬 줄어들었다고 생각합니다만, 더 노력하겠습니다.

아빠 마르크스가 살던 근대도 옛날 옛적 이야기가 되었고 지금은 포스트모더니즘 시대입니다. 포스트모더니즘 시대는 다른 말로 정답이 없는 시대라는 뜻이기도 합니다. 그러나 마르크스가 여전히 다시 보아야 할 고전인 이유는 이 시대 자본주의가 분명 옳지 않은 모습이기 때문입니다. 포스트모더니즘 시대에 아무리 정답은 없다고 할지라도 우리는 옳지 않은 것은 옳지 않다고 이야기할 수 있어야 합니다.

『자본론』독서토론을 마칩니다.

묵자

큰딸과 나는 김경윤 작가의 『묵자·양주, 로봇이 되다』(김경윤, 탐)를 읽었고, 큰딸은 김경윤 작가의 수업도 대화도서관에서 들었다. 부부가 함께 기세춘 작가의 『묵자』(기세춘, 북드라망)를 읽었다. 아내가 더 찾아 읽은 책은 윤무학 교수의 『묵자가 들려주는 겸애 이야기』(윤무학, 자음과모음)이고, 내가 더 찾아 읽은 책은 『예수와 묵자』(문익환·기세춘·홍근수, 바이북스)이다.

자기 자신을 지킨다는 것

지배당하는 자와 지배하는 자의 철학은 엄연히 다르다. 지배당하는 이들을 위해 싸우던 이가 지배자가 되면 철학과 행동이 돌변하는 모습을 심심찮게 만난다. 예나 지금이나 권력의 맛은 영혼마저 잠재운다. 지배자들은 권력을 자손 대대 유지하려고 지배자의 가치관을 사회 전 영역으로 펼친다. 정치와 경제, 교육과 종교 등 모든 영역이 지배자의 관점으로 재편성된다. 이때 지배자는 피지배자들이 따르던 인물이나 집단을 앞세운다. 피지배자들이 따르던 상징적인 인물과 집단이 지배자의 입맛에 맞게 변화하면 생명과 권세가 보장된다. 그러나 피지배자의 목소리를 대변하려 한다면 제거 대상이 된다.

기원전 5세기 춘추전국시대, 묵자는 공자와 쌍벽을 이루던 철학자였다. 공자가 글귀를 알아보는 귀족의 눈높이에서 철학을 전개했다면, 묵자는 철저히 민중의 시선으로 철학을 전개했다. 묵자는 끝없이 일어나는 전쟁을 막으려고 평화유지군을 육성해 공격당하는 나라를 돌며 목숨을 다해 싸웠다. 세상이 혼란한 이유가 사랑이 부족하기 때문이며, 진정한 사랑은 나와 남을 구별하지 않아야 한다고 외쳤다. 지배자의 입맛에 맞을 리가 없었다. 유교가 한나라의 국교가 되면서 공자의 가르침이 살아남은 것과 달리, 묵자의 사상은 역사에서 완전히 사라졌다. 17세기에 이르러 도교 경전 속에서 묵자가 발견되었고 18세기에 최초의 해설서가 나왔다. 실로 2천 년 만에 빛을 본 셈이다.

> 『묵자』
> 독서토론을
> 시작합니다.

수민 김경윤 선생님의 『묵자·양주, 로봇이 되다』를 읽고 수업도 들었습니다. 묵자는 이타주의, 양주는 이기주의입니다. 책도 아주 재미있게 읽었습니다. 묵자의 이타주의와 양주의 이기주의는 다른 듯 보이지만 똑같습니다.

아빠 액션영화를 좋아하는데, 『묵자·양주, 로봇이 되다』를 읽으면서 아주 잘 짜인 액션영화 한 편을 보는 것 같았습니다. 아주 재미있게 읽었습니다. 탐 출판사에서 청소년들이 인문고전을 재미있게 즐길 수 있도록 소설로 각색해서 책을 내고 있습니다. 이런 책이 존재한다는 게 한편으로 신기하기도 하고 한편으로 감사하기도 했습니다.

엄마 자음과모음 출판사에서 나온 『묵자가 들려주는 겸애 이야기』를 읽으면서 감동받았습니다. 묵자는 겸애설을 주장하면서 하늘 아래 남은 없다고 했습니다. 춘추전국시대 끝없이 일어나는 전쟁을 없애고 민중을 살리기 위해 지극한 이타주의자가 되는 길을 선택했습니다. 묵자가 사랑을 이야기하는 부분에서 예수님이 연상됐습니다. 전쟁터에서 부모를 잃은 아이들을 키웠고, 침략전쟁을 방어하기 위해 기술력과 병법을 익히고 발전시켰습니다. 너무 멋지지 않나요? 묵자에 감동받았고 본받고 싶습니다. 그러나 지금 현실에서 묵자를 따라 하기는 너무 어렵습니다. 기술력도 안 되고 병법도 없습니다. 한마디로 평범한 사람이 묵자처럼 겸애를 실천할 수 있을까 의문이 들었습니다.

아빠 묵자는 이타주의를 강조하면서 극단적인 모습을 띄기도 했습니다. 강대국의 침략전쟁을 막기 위해서 일종의 평화유지군을 길러냈는데, 평화유지군은 상명하복의 정신으로 침략전쟁을 막아내지 못하면 스스로 자결도 불사하는 사람들이었습니다. 심지어 '살인을 하면 사형에 처한다'는 묵자 집단의 규율에 따라 살인을 저지른 친아들을 사형에 처한 사례도 있었습니다.

수민 김경윤 선생님은 수업에서 묵자의 이타주의는 좋지만 현대를 살아가는 우리는 자신을 스스로 지켜야 한다고 강조했습니다. 그래서 묵자와 양주를 함께 다루었다고 하셨습니다. 저도 남을 위하는 것도 좋지만 자기 자신을 지키는 것도 중요하다고 생각합니다.

엄마 그런데 양주가 누구인지요?

수민 양주는 이기주의자지만 모든 사람이 자신을 지킬 때 천하가 풍요로워진다고 했습니다.

아빠 양주는 중국 고대 사상가인데, 흔히 극단적인 개인주의 혹은 이기주의 사상을 펼쳤다고 알려져 있습니다. 그러나 이 부분은 보충설명이 필요합니다. 춘주전국시대에는 국가가 끊임없이 백성들을 징집해서 전쟁터로 내몰았습니다. 공동체의 유지와 번영을 위해 백성 개개인은 희생되어도 상관없다는 게 일반적으로 받아들여지던 사회였습니다. 양주는 이런 흐름에 반대했습니다. 일부 특권세력을 위한 침략전쟁에 개개인의 목숨이 희생되는 것을 반대하는 게 바로 양주의 사상입니다. 양주는 우리 자신의 삶은 독립적이며 이미 절대적이기에 전체를 위해 함부로 내놓고 말고 할 것이 아니라는 사상을 펼쳤습니다.

엄마 일전에 『누가 뭐래도 내 길을 갈래』의 저자 김은재 작가의 강연을 들은 적이 있습니다. 고등학교 선생님인 김은재 작가가 "부모가 아이에게 제발 착하게 살라고만 이야기하지 않았으면 좋겠습니다. 지금 학생들에게 필요한 것은 공격성입니다"라고 이야기한 게 인상적이었습니다.

아빠 공격성을 강조하셨다고요?

엄마 남에게 피해를 주는 공격성이 아닙니다. 스스로 생각해서 아닌 건 아니라고 판단하고 저항하고 행동할 수 있는 공격성을 말합니다. 지금 이 시대는 학교나 부모가 판단한 길을 순응하여 따라가는 학생보다는 오히려 주어진 방향을 거부하고 스스로 고민하여 방향을 설정하는 공격적인 태도를 가진 학생이 필요한 사회로 변하고 있습니다.

수민 엄마 말이 맞습니다. 교실에서 함부로 이타주의자가 되면 찐따가 됩니다. 몇 세기에 걸쳐 판명된 진실입니다.

아빠 묵자의 평화유지군 철학, 즉 극단적인 이타주의 철학만으로 지금의 중학생들이 자기 자신을 지켜낼 수 없다는 이야기를 엄마와 수민이는 하고 싶은 거네요?

수민, 엄마 (고개를 끄덕끄덕)

엄마 지금의 중학교 교실은 공동체성을 이야기하기보다는 개인 대 개인으로 힘의 서열이 매겨진 집합체라고 볼 수 있습니다. 힘이 약한 아이는 자신을 지킬 수 있는 힘을 스스로 길러야 합니다. 힘이 약한 아이를 지켜줄 묵자의 평화유지군을 기다릴 수는 없습니다. 그래서 양주의 철학, 즉 자기 자신을 소중히 여기고 스스로를 지킬 줄 아는 태도가 필요합니다. 자기 자신을 지킬 수 있을 때 서로 평화롭게 공존할 수 있습니다.

수민 중학생들은 서로 언제 공격할지 모르는 심리 상태에 있습니다. 마냥 웃고 있다가 당하기 일쑤입니다. 때론 나에게 힘이 있음을 드러낼 필요가 있습니다.

아빠 수민이와 엄마의 말을 듣다 보니 이렇게 정리가 되네요. 묵자가 지키려 한 것은 힘없는 민중이었습니다. 힘없는 민중을 목숨 걸고 지키려는 묵자의 무리는 병법과 과학으로 무장한 세력이었고, 극단적인 이타주의로 정신무장을 했습니다. 그러나 지금 이 시대에 힘없는 이가 극단적 이타주의로 무장한 무리를 마냥 기다릴 수는 없을 겁니다. 스스로 힘을 기르고 연대를 해야 합니다. 자기 자신을 지킬 때 온 천하가 평화로울 것이라는 양주의 철학과 온 천하에 남이 없다는 묵자의 철학 모두를 기억해야 할 것입니다.

엄마 공동체 의식을 함양하기 위해서 어떻게 해야 할지 궁금해집니다. 다음번 토론 책은 공동체 의식에 관한 책을 선정했으면 좋겠습니다. 중학교 교실에서 공동체 의식 없이 나는 나, 너는 너로 자기 자신만을 지키면서 지낸다면 아이들이 얼마나 외롭겠습니까?

수민 아직은 머리가 아파요. 자기 자신을 지킨다는 게 무엇인지, 남을 위한다는 게 무엇인지. 고민이 계속 됩니다.

아빠 묵자를 동경하지만 묵자처럼 살지 못하고, 양주를 따라 하고 싶지만 양주처럼 자유롭게 살지 못하는 게 현실의 제 모습입니다. 그러나 묵자를 읽으며 민중을 사랑하는 묵자 이야기에 푹 빠졌고, 묵자에 양주가 더해지니 균형점이 잡히는 것 같습니다. 이번에 묵자를 주제로 아주 기쁘게 책도 읽고 이야기도 나누어서 좋았습니다.

『묵자』 독서토론을 마칩니다.

열하일기

큰딸은 채우리 출판사에서 나온 인문고전 학습만화 『열하일기』(박교영 글, 박수로 그림)를 읽었다. 연암 박지원의 우정을 주제로 한 김경윤 작가의 수업을 대화도서관에서 들었다. 인문학자인 김경윤 작가는 『박지원, 열하로 배낭여행 가다』를 비롯해 청소년을 위한 인문학 도서를 여러 권 썼다. 부부는 고미숙 선생의 『세계 최고의 여행기 열하일기』(박지원 저, 고미숙·길진숙·김풍기 역, 북드라망)를 읽었다.

세계 최고의 여행기

고미숙 선생의 책을 처음 접했을 때, '세계 최고의 여행기'라는 책 제목이 너무 과한 것 같다고 생각했다. 고전평론가 고미숙은 서문에서 조선왕조 500년을 통틀어, 아니 동서고금 여행기를 통틀어 '단 하나의 텍스트'라고 칭찬한다. 반박할 근거가 궁색하기에 일단 '그렇다고 치고' 넘어갔다. 그러나 『열하일기』를 뜯어보면 볼수록 최고라는 평가가 아깝지 않다는 생각이 든다.

『열하일기』는 연암 박지원이 조선 정조 때 청나라에 다녀온 여정을 기록한 기행문이다. 연암은 청나라 건륭제 70세 생일 축하 사신단이 되어 청나라 수도 연경에 간다. 때마침 열하에서 휴가 중이던 건륭제가 조선 사신단을 열하로 불러들이면서 공교롭게도 조선 최초로 열하를 다녀온 사람이 되었다.

『열하일기』에는 연암이 당대 지식인들에게 전하는 놀라운 메시지가 가득하다. 기한에 맞추려고 연일 지속된 강행군 중에도 연암은 끊임없이 기록하고 사유한다. 온갖 이질적이고 특이한 존재들 사이를 종횡무진 누비고 다니면서 청나라의 문명을 가감 없이 기록해 주옥같은 명문장을 남긴다. 중국 선비들과 밤을 새워 필담을 주고받으며 당대 사유의 경계를 드러낸다. 아득히 펼쳐진 요동벌판에 들어서 '아! 좋은 울음터로구나! 크게 한번 울어볼 만하구나!' 라고 감탄한다. 하찮은 것들을 재생하여 지혜롭게 사용하는 청나라의 문명을 보며 '청나라의 장관은 기와 조각과 똥 부스러기에 있다' 고 표현한다.

무엇보다 유머와 비판이 뒤섞이며 빛을 발한다. 요즘으로 치면 웹툰이나 시트콤의 유머코드가 계속 나온다. 낄낄대며 웃다 보면 어느새 가공할 사회 비판을 만난다. 수레가 다닐 도로 하나 변변히 닦지 못하고, 두세 명의 종을 부려야 겨우 말을 타는 조선의 사대부들에게 북벌을 논하기 이전에 청나라의 문명부터 배우라는 북학을 제시한다. 호랑이를 앞세워 양반의 허위를 까발린 〈호질〉도, 어느 아나키스트의 통쾌한 사회전복 이야기 〈허생전〉도 모두 『열하일기』에 들어 있는 내용이다.

『열하일기』
가족 독서토론을
시작합니다.

아빠 고미숙 작가는 연암 박지원의 글이 '5천 년 최고의 문장' 이라고 칭찬하면서도 명확한 근거를 밝히지 않았습니다. 연암에 대한 글을 읽다가 관련 근거를 찾았습니다. 경희대 전호근 교수가 쓴『한국 철학사』에 이렇게 나옵니다.

박지원의 문장을 최고라고 평가한 데 대해 누가 이의를 제기했다는 이야기를 들은 적이 없습니다. 구한말 문장가 중에 창강 김택영이라는 인물이 있습니다.『여한구가문초』라고 해서 고려와 조선의 뛰어난 문장가 아홉 명의 문장을 뽑아서 구가문을 만들었는데, 그중에서도 연암의 문장을 가장 높이 평가했습니다. 또 북한의 연암 연구자인 김하명도 연암을 우리 고전문학의 최고봉으로 평가한 적이 있습니다. 박지원의 문장을 5천 년 최고의 문장이라고

한 것은 제 독단이 아니라 선배 학자들의 의견이기도 합
니다.

나는 열하일기를 읽으면서 연암에게 반했습니다. 경계와
구분을 내려놓고 마음과 마음으로 만나 치열하게 대화하고
탐색하는 연암이야말로 진정 자유로운 영혼의 소유자라고
생각합니다.

수민 연암 박지원의 친구 사귐을 보면서 우정에 대해 배웠습
니다. 좋은 친구를 사귀려면 나부터 좋은 친구가 되어야겠
다고 생각했습니다.

대화도서관에서 김경윤 선생님 강연을 듣고 연암 박지
원이 친구가 많았다는 사실을 알게 되었습니다. 좀 이상하
기도 하고 재미있는 사람들을 친구로 사귀었습니다. 천체
관측기구를 만들고 칠현금을 연주하던 홍대용, 무예도보
통지를 저술한 무인 백동수, 발해고를 쓴 유득공, 북학의
를 쓴 박제가, 손재주가 좋아 벼루를 깎고 해시계와 세계
지도를 만들었던 정철조 등이 모두 박지원의 절친이었습
니다. 박제가, 이덕무, 유득공, 백동수는 당시 천대받았던

서자 출신이지만 연암은 개의치 않았습니다. 서울 종로 백탑 근처에서 주로 만났다고 해서 백탑파라고 불리다가 훗날 북학파로 불렸답니다.

박지원은 친구를 사귈 때, 뜻은 같은데 재주가 다른 사람을 사귀었습니다. 컴퓨터 네트워킹 시스템 같은 우정과 지혜의 공동체를 이뤘습니다. 서로가 서로에게 배울 점이 있었습니다. 문학에 조예가 깊은 박지원이었지만 친구들을 통해 천체의 움직임부터 옛날 역사까지도 두루 배우고 익힐 수 있었습니다.

저도 요즘 친구 사귀기에 대해 고민하고 있습니다. 나와 비슷한 친구를 사귈 것인지, 아니면 나와 다른 친구를 사귈 것인지 고민했습니다. 박지원의 우정에 대해 듣고 뜻은 같되 재주는 다른 친구를 사귀어야겠다고 생각했습니다.

아빠 열하일기를 읽고 이 책 저 책 찾아보면서 가족들과 꼭 이야기 나누고 싶었던 것을 정리해봤습니다. '호곡장'에 나타난 '울음'입니다. 본문을 한번 읽어볼게요.

나는 오늘에야 알았다. 인생이란 본시 어디에도 의탁할 곳

없이 다만 하늘을 이고 땅을 밟은 채 떠도는 존재일 뿐이라는 사실을. 말을 세우고 사방을 둘러보다가, 나도 모르는 사이에 손을 들어 이마에 얹고 이렇게 외쳤다.

"훌륭한 울음터로다! 크게 한번 통곡할 만한 곳이로구나!"

(『세계 최고의 여행기 열하일기 上』 138쪽)

이제 요동벌판을 앞두고 있네. 여기부터 산해관까지 1,200리는 사방에 한 점 산도 없이 하늘 끝과 땅끝이 맞닿아서 아교풀로 붙인 듯 실로 꿰맨 듯하고, 예나 지금이나 비와 구름만이 아득할 뿐이야. 이 또한 한바탕 울어볼 만한 곳이 아니겠는가!

(『세계 최고의 여행기 열하일기 上』 140~141쪽)

10리가 4킬로미터이니 1,200리면 480킬로미터에 달합니다. 서울과 부산 직선거리가 320킬로미터이니 요동벌판이 참으로 넓기는 넓나 봅니다. 조선 땅을 난생 처음 벗어나 광활한 요동벌판에 들어선 연암은 자기 자신이 마치 갓 태어난 어린아이 같다고 느꼈습니다. 갓난아이가 엄마 배 속에서 한순간 밖으로 나와 비로소 '자기 마음을 크게 한번 펼쳐서' 울어볼 만한 것처럼, 자신도 이제 요동벌판에 섰으니 '한바탕 울어볼 만한 것 같다'는 당시의 마음이 글에서 절절히 배어납니다.

권정생 선생님의 『강아지 똥』이라는 그림책 한 대목이 생각났습니다. 강아지 똥이 세상에 태어나 처음 한 행동도 "으앙!" 하며 울음을 터트린 것이었습니다. 물론 강아지 똥의 첫 울음이 서러움의 울음이었다면, 연암의 울음은 감동과 환희의 울음입니다. 자기 자신의 존재가 얼마나 작고 초라한지 느끼는 순간, 긍정이든 부정이든, 가장 솔직한 자기표현은 '울음'이라고 생각합니다. 울음은 가장 진실한 자기 존재의 표현입니다. 연암의 호곡장! 두고두고 생각날 것 같습니다.

허생전과 홍길동전도 비교해보고 싶습니다. 홍길동은 율도국의 왕이 됩니다. 허생전의 허생은 빈손으로 돌아와 글만 읽습니다. 홍길동을 쓴 허균은 내심 왕이 되고 싶었던 것 같습니다. 허생전을 쓴 박지원은 조용히 글을 읽을 때 가장 행복했던 것 같습니다.

다산 정약용과 연암 박지원도 비교해보고 싶습니다. 고미숙 작가의 표현을 빌려보면, 다산이 20세기형 코드라면 연암은 21세기형 코드입니다. 다산은 백과사전 형태로 지식을 체계적으로 쌓아서 궁극적으로는 예상할 수 있는 모든 질문에 대비한 정답을 준비합니다. 연암은 대화와 쌍방향 소통을 중시하고 네트워크를 발판으로 늘 새로운 곳을 향해 뛰쳐나갑니다.

엄마 박지원의 열하일기를 보면 청나라에서 자신이 본 모든 것을 기록해 놓습니다. 기와, 벽돌 쌓기, 수레, 길 등 새로운 것을 보면 그냥 지나치는 법이 없이 온전히 집중하여 흡수하듯 기억했다가 돌아와 기록합니다. 박지원은 호기심 덩어리였습니다.

　해외여행 계획을 세우면서 요즘 여행은 꼭 쇼핑 같다는 생각이 들었습니다. 마트에서 장을 볼 때 카트에 이것저것 필요한 것을 골라 담는 것처럼 어디로 갈지 나라가 정해지면 숙박과 식사, 둘러볼 곳을 골라 담는 행위가 유사하기 때문입니다. 저 또한 그동안 여행에서 남들이 좋다고 하는 곳을 둘러보고 맛집을 찾아서 식사를 하는 등 쇼핑과 다름없는 여행을 했습니다. 박지원의 열하일기를 읽으면서 반성했습니다. 그리고 '여행이란 무엇인가?'에 대해 생각했습니다.

　삶에서 여행이란 새로운 것을 보고 접하는 시간이며, 궁극적으로 여행하기 전과는 달라진 자신을 발견하는 행위가 되어야 한다고 생각합니다. 그러나 쇼핑 같은 여행에서는 이런 체험을 할 수 없었습니다. 이제는 연암 박지원처럼 호기심 가득한 영혼이 되어 여행을 해보겠습니다.

저는 호불호가 강한 사람입니다. 익숙한 것을 좋아하고 낯선 것을 싫어합니다. 하지만 박지원은 여행을 하면서 익숙하거나 낯선 관점이 아니라 모든 사물을 동일한 관점에서 평등하게 보았습니다. 이 점에서 반성이 되었습니다. 열하일기를 읽으면서 저 자신에게 숨어 있는 선입견을 발견하고 놀랐습니다.

수민 열하일기를 읽으면서 한비야 작가님이 생각났습니다. 한비야 작가님은 어릴 적부터 어학 공부를 열심히 했는데, 자신이 가보고 싶은 나라를 여행하기 위하여 어학 공부를 했다고 합니다. 평생 세계여행을 했지만 패키지여행이 아니라 자신이 직접 여행 경로를 짜면서 그 나라 가장 촌동네에서 사람들을 만났습니다. 그러다가 NGO단체에서 국제구호팀장이라는 역할을 맡았습니다. 자신이 가보고 싶은 곳을 다니다보니 자신의 길을 찾은 겁니다. 저도 한비야 선생님처럼 직접 길을 걸으면서 겪고 부딪쳐보고 싶습니다.

엄마 연암 박지원은 모든 것에 열려 있었습니다. 양반이지만
하인들과 허물없이 지냈습니다. 친구를 사귈 때도 적자와
서자를 구분하지 않았습니다. 박지원을 무경계 인간이라
고 부르고 싶습니다.

열하일기를 두고 참 많은 이야기를 나누었습니다. 오늘 토론
은 이것으로 마치겠습니다.

수민, 아빠 (일동 박수)

『열하일기』 독서토론을 마칩니다.

신화의 힘

오늘의 책은 『신화의 힘』(조지프 캠벨 저, 이윤기 역, 21세기북스)이다. 엄마는 중학교 1학년 큰딸과 초등학교 3학년 작은딸에게 2주 동안 잠자리에 들기 전에 『신화의 힘』을 읽어주었다. 큰딸 수민이는 〈스타워즈〉 영화 시리즈가 신화에서 큰 영향을 받았다는 대목에 강한 호기심을 보였다. 작은딸 수린이는 캠벨이 이야기하는 결혼관에 호기심을 보였다.

신화에서 결혼은 연애와 다른 것이라고 캠벨은 강조한다. 연애를 하는 동안 서로를 향한 감응이 일어났다가 사그라지는 과정을 겪는다. 여태 연애하기 좋은 사람을 만나 결혼하는 것이라고 생각했다. 그러나 결혼은 분명 연애와 다르다. 결혼은 연애보다 훨씬 깊은 세계로 들어가야 한다. 캠벨은 신화의 세계에서 보여주는 결혼은 '두 사람 사이에서 영적 동일성을 인식하는 일'이라고 정의 내린다. 작은딸 수린이는 연애와 결혼이 다른 것임을 처음으로 생각해 보는 계기가 되었다고 했다.

큰딸 수민이가 좋아하는 것과 잘하는 것에 대해 고민하고 있다는 이야기를 꺼냈다. 수민이는 연애와 결혼이 다른 것처럼 좋아하는 일을 하는 것과 평생을 두고 해야 할 일을 선택하는 것도 서로 다른 것이 아닐까 생각하게 됐다고 했다. 평생 할 일을 선택할 때도 순간의 감정에 결정을 맡기기보다 자기 자신을 잘 파악하여 정말 잘하는 일을 선택하는 게 맞는 것 같다는 이야기를 나누었다.

내 안의 잠재력을 만나는 법

남의 이야기를 귀담아 듣는 것은 중요하다. 그러니 남이 시키는 대로 살아가는 삶은 결코 진짜배기 삶일 수 없다. 자기 가슴에서 흘러나오는 소리를 들을 수 있어야 한다. 테크놀로지와 시스템으로 가득 찬 세상에서 잠시라도 벗어나 자기 가슴에 귀를 기울여야 한다. 현실의 삶이 진짜배기 내 삶이 아니라면 길을 떠나야 한다. 자신 속에 감춰진 잠재력을 만날 수 있는 길을 찾아 모험을 떠나야 한다.

아메리카 인디언과 고대 유럽 신화에서 '자신의 잠재력을 찾아 모험을 떠나라'는 동일한 메시지를 발견할 수 있다. 미국의 비교신화학자 조지프 캠벨(1904-1987)은 전 세계 고대 문화권에서 방대한 양의 신화를 분석하여 '인류 원형의 지혜'를 발견했고, '신화 속 영웅들의 여정'으로 패턴화했다. 『천의 얼굴을 가진 영웅』(1949)과 『신의 가면』(4부작) 등 신화학 서적을 지속적으로 출간했다.

당대 신화 연구자들과 작가들은 캠벨의 신화 이야기에 열광했다. 조지 루카스 감독이 캠벨의 신화학을 탐독하면서 스타워즈 시나리오를 썼고, 스타워즈 3부작이 성공하자 캠벨의 신화학 덕분이라고 공개적으로 고백한 이야기는 유명하다. 지금 작가 지망생들도 스토리텔링을 위해 캠벨의 신화학 서적과 영웅의 여정 패턴을 탐독한다.

캠벨이 들려주는 신화 이야기는 참으로 매력적이다. 어지러운 세상 속에서 참다운 자기 자신을 찾으려는 이들에게 캠벨의 신화 이야기는 소중한 지침이다. 미국인에게 존경받는 저널리스트 빌 모이어스와 캠벨의 PBS TV 대담 초고를 책으로 엮은 『신화의 힘』은 최고의 신화 입문서다. 자신을 찾아 떠나는 모험 길에 좋은 지침이 돼 줄 것이다.

신화 속 메시지, '네 안에 답이 있다'

엄마 신화에는 어떤 힘이 있습니까? 아빠가 대답해주세요.

아빠 신화의 세계는 영혼과 생명의 언어로 이루어져 있습니다. 신화를 읽는다는 것은 자기 자신의 내면세계로 한 발한 발 들어가는 여행을 떠나는 것과 같습니다. 신화를 읽으면서 꿈을 통해 만날 수 있는 무의식의 세계를 현실에서 직접 맞닥뜨리게 됩니다. 가장 원시적인 자신의 모습을 만날 수 있습니다.

2013년 『신화의 힘』을 읽은 경험은 제 인생에 일대 사건 중 하나입니다. 사십여 년 동안 살아오면서 부지불식간에 쌓아 올린 가치관의 체계와 경계가 무너지는 경험을 했습니다. 그동안 접하지 못했던 저 너머 세계를 만나는 재미에 푹 빠져『신화의 힘』외에도 캠벨의 책을 몇 권 더 찾아 읽었습니다. 평생 가톨릭 성당을 다니며 자주 접했다고 여겼던 성경을 새롭게 읽었습니다. 신화를 접하고 나서 그동안 이해하지 못했던 성경 속 구절들이 새롭게 다가왔습니다. 무엇보다 종교의 벽을 넘어 힌두교와 불교의 세계를 만나는 계기가 되기도 했습니다.

직장 내 교육부서에서 일을 하다 보니 긍정심리학을 접했고 강의도 자주 했습니다. 나를 둘러싼 세계가 끊임없이 나에게 영향을 주는 것은 내가 살아 숨 쉬는 동안 어쩔 수 없는 일입니다. 그러나 그 영향을 긍정적으로 받아들일지 아니면 부정적으로 받아들일지 여부가 온전히 스스로의 선택에 있다는 것이 긍정심리학의 기본 입장입니다. 매 순간 긍정적 태도를 선택하는 것이 훨씬 우월한 결과치를 얻을 수 있다고 긍정심리학은 강조합니다. 교육 트레이너로 살면서 줄곧 긍정심리학을 설명했지만 어느 순간 한계가 찾아왔습니다. 부정적인 세계를 무시한 채 긍정적인 세계만 선택하려고 노력했지만, 부정적 세계가 제 주변에서 사라지지 않았습니다. 지쳐가는 자신을 더 이상 부정할 수 없었습니다.

신화를 공부하면서 새로운 세계에 눈을 떴습니다. 마치 동전의 앞면과 뒷면처럼 모든 것은 긍정과 부정 두 가지 측면을 가지고 있습니다. 동전의 앞면이나 뒷면 중 어느 한쪽만을 취할 수는 없습니다. 이렇듯 긍정과 부정은 동일한 세계입니다. 부정을 외면하려 하면 할수록 긍정 역시도 외면할 수밖에 없습니다. 부정을 받아들이지 않고 긍정만을 받아들인다는 것은 어리석은 일입니다. 긍정과 부정 모두 내 삶의 일부이며 나를 둘러싼 세계입니다.

신화는 자신의 긍정적인 면과 부정적인 면을 모두 품을 수 있는 계기를 열어주었습니다. 자신의 부정적인 자아와 화해할 수 있는 용기를 얻었습니다. 신화 속 재생과 부활의 에너지가 제 삶에 들어왔습니다.

엄마 이야기 잘 들었습니다. 이번에는 수민이에게 묻겠습니다. 『신화의 힘』에서 가장 인상적인 부분을 알려주세요.

수민 신화 속 여성은 성경 속 여성과 다르다는 점입니다. 성경은 여성을 죄악의 대상으로 보는 것 같습니다. 하지만 신화는 여성을 삶의 근원으로 보고 있습니다. 성경 속 억눌린 존재인 여성이 신화에서 해방되는 느낌이 들었습니다.

아빠   아마도 수민이가 평소 성당에서 접한 여성차별 문화를 성경의 기조로 이해하는 것 같습니다. 가톨릭은 여성 사제를 인정하지 않습니다. 현대의 성 평등 시각으로 볼 때 가톨릭은 여전히 여성을 차별하는 구시대적 제도를 유지하고 있습니다. 그러나 성경의 기본 관점은 다릅니다.

수민이와 수린이에게 어린이 성경을 읽어주었을 때, "성경이 여성을 차별하는 것 아니냐?"라는 질문을 받았습니다. 당시에는 명쾌하게 답을 하지 못했습니다. 그동안 여성의 눈으로 성경을 해석하는 책을 여러 권 찾아 읽고 관련 강의를 들으러 다니면서 공부를 많이 했습니다. 이 부분 잠깐 설명해 보겠습니다.

창세기에서 하느님은 여성을 남성의 소유물로 창조하지 않았습니다. 하느님은 자신의 형상대로 남자와 여자로 창조했다고 창세기는 분명하게 기록하고 있습니다. 선악과를 먼저 먹은 하와를 두고 여자의 책임이 크다는 해석이 있는데, 이는 잘못된 해석입니다. 뱀이 선악과를 먹어보라고 유혹할 때 아담과 하와가 한자리에 함께 있었고 2인칭 복수대 명사를 사용했습니다. 선악과는 분명 남녀 모두의 공동 책 임입니다.

엄마 그동안 막연히 접했던 해석과는 완전히 다르네요.

아빠 주제를 잠시 돌려보겠습니다. 수민이가 '닌자고' 라는 레고 무비 시리즈를 아주 재미있게 봤던 기억이 납니다. 닌 자고 주인공들은 뛰어난 무술 실력을 얻기 위해 평소 열심 히 수련합니다. 수련할 때 미처 몰랐던 능력이 생사를 걸고 적들과 싸우는 순간에 드러납니다. 자기 내면에 감춰져 있 던 능력이 돌연 드러나 능력을 발휘하는 겁니다. 수민이가 초등학교 2학년 때 친구들과 함께 집에서 닌자고 DVD를 보면서 닌자고 속 등장인물이 자신의 능력을 발휘하는 장 면이 너무 멋지다며 수도 없이 반복해서 돌려 보던 일을 기 억하고 있습니다.

어느 문명권의 신화이든 후대에 전하려는 동일한 메시지 가 있습니다. '네 안에 답이 있다' 라는 명제입니다. 우리 인 류의 귀한 유산입니다. 결정적인 순간, 진정한 해결의 실마리는 바깥세계가 아니라 자신의 깊은 내면에서 찾을 수 있습니다. 캠벨은 이를 두고 '역경은 나를 발견하는 문'이라고 표현하고 있습니다.

영화 〈스타워즈〉에서도 같은 이야기를 하고 있습니다. 미래 첨단 기술력을 보여주고 있지만, 여전히 '자신의 내면이 가리키는 길을 따라가라'는 메시지를 주제로 삼고 있습니다. 바로 신화가 전해주는 메시지입니다. 내면의 길을 따라갈 때 참다운 긍정의 에너지를 만날 수 있습니다.

신화 읽기, 선과 악 이분법 무너뜨리기

수민 저는 신화를 읽으면서 그동안 알고 있던 선과 악의 개념에 혼동이 왔습니다.

아빠 수민이가 신화를 제대로 읽은 겁니다. 신화는 선과 악의 이분법을 무너뜨립니다. 이 책 후반부에 페르시아 신화가 나옵니다. 하느님을 너무 사랑하여 지옥에 떨어진 천사, 즉 악마 이야기입니다.

신은 천사를 창조하고 나서 신 외에 어떤 것에도 절을 하면 안 된다고 명령합니다. 그리고 인간을 창조하면서 천사들에게 인간을 섬기라고 합니다. 신은 인간에게 절을 해도 좋다고 명령을 바꿉니다. 그러나 천사의 일원인 사탄은 신을 너무나 사랑한 나머지 신에게만 절을 하고 인간에게는 끝내 절을 하지 않습니다. 신은 노여워하며 사탄에게 "내 앞에서 꺼져!"라고 명령합니다.

고통 중에서 가장 견디기 힘든 고통은 사랑하는 존재와 함께할 수 없는 데서 오는 고통입니다. 신을 만나지 못하는 곳이 바로 지옥입니다. 사탄은 신과 떨어져야 하기에 지옥에서 고통을 겪습니다. 신을 가장 사랑한 천사가 바로 사탄이라는 페르시아의 신화는 기독교의 사탄 신화와 다릅니다.

엄마 생각의 틀을 허무는 책을 읽으면 혼란스러워지기에 그리 좋아하지 않았습니다. 오히려 기존의 가치관을 더욱 강화하는 책을 좋아했습니다. 이 책을 읽으면서 생각의 틀이 허물어지는 느낌이 들었습니다. 신화는 기본적으로 내가 가진 생각의 틀을 향해 '그거 아니야!' 라고 이야기하는 것 같습니다. 그래서 머리가 아프지만, 머리가 아프더라도 생각의 틀을 깨기 위해 더 읽어야겠습니다. 한 가지 생각에 매몰되지 않기 위해 신화 읽기를 지속해야겠습니다.

『신화의 힘』독서토론을 마칩니다.

{부록}

부록1 . 독서토론 책 목록

『어린이 삼국유사』(어린이 삼국유사 편찬위원회, 한창수 그림, 주니어김영사)

『삼국유사』(한지영 글, 이진영 그림, 주니어김영사)

『우리가 정말 알아야 할 삼국유사』(고운기 글, 양진 사진, 현암사)

『삼국유사』(김원중, 을유문화사)

『법구경』(전재성 글, 마정원 그림, 주니어김영사)

『진리의 말씀, 법구경』(법정, 이레)

『숫타니파타』(법정, 이레)

『소크라테스의 변명, 진리를 위해 죽다』(안광복, 사계절)

『철학, 역사를 만나다』(안광복, 어크로스)

『세계철학사』(한스 요하힘 슈퇴리히 저, 박민수 역, 자음과모음)

『피터 히스토리아, 불멸의 소년과 떠나는 역사 시간여행』

    (교육공동체 나다 글, 송동근 그림, 북인더갭)

『세계사 편력』(자와할랄 네루, 석탑)

『마르크스 자본론』(최성희 글, 손영목 그림, 주니어김영사)

『마르크스·레닌주의』(김성진 글, 주경훈 그림, 주니어김영사)

『슘페터 자본주의 사회주의 민주주의』(손기화 글, 김강섭 그림, 주니어김영사)

『마르크스의 자본, 판도라의 상자를 열다』(강신준, 사계절)

『공산당선언』(이진우, 책세상)

『레즈를 위하여』(황광우·장석준, 실천문학사)

영화 〈청년 마르크스〉 (라울 펙 감독, 2015)

칼럼 유종일의 '개츠비곡선과 장벽사회' (경향신문 2018.7.7)

『묵자가 들려주는 겸애 이야기』(윤무학, 자음과모음)

『묵자·양주, 로봇이 되다』(김경윤, 탐)

『예수와 묵자』(문익환·기세춘·홍근수, 바이북스)

『묵자』(기세춘, 북드라망)

『열하일기』(박교영 글, 박수로 그림, 채우리)

『박지원, 열하로 배낭여행 가다』(김경윤, 탐)

『세계 최고의 여행기 열하일기』(박지원 저, 고미숙·길진숙·김풍기 역, 북드라망)

『허생의 섬, 연암의 아나키즘』(강명관, 휴머니스트)

『만화로 보는 그리스 로마 신화』(토마스 불핀치 글, 홍은영 그림,
　　이광진 역, 가나출판사)

『신과 함께(저승편, 이승편, 신화편)』(주호민, 애니북스)

『신화의 힘』(조지프 캠벨 저, 이윤기 역, 21세기북스)

『천의 얼굴을 가진 영웅』(조지프 캠벨 저, 이윤기 역, 민음사)

『변신 이야기』(오비디우스 저, 천병희 역, 숲)

『구본형의 신화 읽는 시간』(구본형, 와이즈베리)

『구본형의 그리스인 이야기』(구본형, 생각정원)

1. 신화

〈어쩌다 어른〉이라는 TV 프로그램이 있다. 제목이 참 마음에 든다. 돌이켜보면 어쩌다 보니 학교를 다녔고 어쩌다 보니 어른이 되었고 어쩌다 보니 부모가 되었다. 비슷비슷한 교육과정을 거쳐 비슷비슷한 삶을 살아왔다. 그러다 문득 깨달았다. '내 길이 아닌 길을 가고 있었구나!' 누구나 갈 수 있는 길일 수도 있지만 자신이 가야 할 길은 아니었다.

주변을 둘러보면 다들 '무한 성장'이나 '끝없는 성취' 같은 현대 사회의 신화를 받아들인다. 그러니 일단 나도 그냥 받아들이기로 한다. 그러나 어느 순간 깨닫는다. 자본주의 사회의 획일화된 모토가 결코 나 자신의 신화가 될 수는 없다는 것을.

남과 똑같은 인생을 살아간다면 나는 없는 존재가 된다. 세상이 제시한 길이 아니라 내가 찾아낸 길을 갈 때, 비로소 자기 인생을 살았다고 할 수 있다. 자기 삶을 살아갈 때 비로소 살맛이 난다. 그래서 작가 파울로 코엘료는 '모든 인간에겐 그만이 완성해야 할 자아의 신화가 있다'고 했을 것이다. 자기다운 삶을 살려면 자신만의 신화를 찾아야 한다. 자기 자신의 삶을 해석할 신화를 찾아야 한다. 신화의 언어는 자기 삶의 의미를 밝히는 훌륭한 도구다.

신화의 언어는 내면의 언어이다. 나무가 사계절을 만나 나이테가 생기듯 우리네 내면도 인생 굴절에 따라 결이 존재한다. 신화의 언어는 내면의 결을 읽어내는 훌륭한 도구다. 내면의 결을 따라 가다보면 어둠과 빛을 모두 만난다. 습관적으로 어둠에서 고개를 돌려 빛만 바라보고 싶어진다. 그러나 자신만의 신화를 찾으려는 사람은 용감해야 한다. 자기 내면의 어둠을 직시해야 한다. 어둠을 직시하고 직면하는 일이야말로 자기통합의 출발점이며 내면 치료로 나아가는 외길이다.

신이 오른쪽에서 선의 날개를 펼치고,
왼쪽에는 악의 날개를 펼친 다음 뛰어 솟아오른다.
나도 신처럼 어긋나는 선악의 두 날개로 날 수만 있다면!
– 니코스 카잔차키스 『오디세이아』 11편 중에서

자기 자신만의 신화를 찾는 이들을 위해 작가와 저서를 추천한다.

그리스 로마 신화 읽기

『만화로 보는 그리스 로마 신화』

어린이가 그리스 로마의 신들과 영웅들의 캐릭터와 스토리를 익히기에 만화만 한 게 없다. 여러 출판사의 그리스 로마 신화 만화 중에서 우리 집 아이들은 가나출판사의 홍은영 작가 작품을 가장 좋아한다. 여러 출판사에서 학습만화로 나오고 있으니, 어린이를 둔 부모라면 대형서점이나 중고책방에서 아이와 함께 천천히 둘러보며 선택하기를 권한다.

『변신 이야기』(오비디우스)

서양 문학과 문명의 근간을 이루는 그리스 로마 신화의 총망라 버전이다. 예전에는 이윤기 작가가 번역한 2권짜리 민음사 책을 많이 보았는데, 최근에는 천병희 교수가 라틴어 원전으로 번역한 숲 출판사 책을 많이 보는 추세다.

한국 신화 읽기

『신과 함께』(주호민, 애니북스)

천만 관객을 동원했던 영화의 원작 만화 『신과 함께』를 꼭 보기를 권한다. 어린이가 읽어도 좋지만 어른이 읽기에도 충분히 아름다운 작품이다.

2016년 여름, 일주일 동안 포항에서부터 진도까지 동해와 남해를 돌며 『삼국유사』로 전해지는 한국의 신화 속 장소를 찾아 가족 여행을 한 적이 있다. 고대의 신화와 설화 같은 우리만의 이야기를 보존하지 못하고 있는 현실이 안타까웠다. 울산에서 만난 처용암은 석유화학공장 굴뚝 숲에 둘러싸여 있었다. 처용암을 알리는 안내판만이 덩그러니 방문객을 맞이하고 있었다.

여행에서 돌아오면서 결심했다. 두 딸이 우리의 신화를 온전히 체험할 수 없다면, 좋은 책을 찾아서라도 알려주겠다고. 딸들에게 그리스 로마 신화만 보여줄 수는 없지 않은가? 우리 이야기를 찾아내 초등학생 두 딸에게 보여주고 싶었다. 다행히 서정오 선생의 옛이야기 시리즈가 있었다.

인터넷과 서점을 뒤져 『삼국유사』 속 신화를 소재 삼아 제작한 만화나 애니메이션을 찾았지만 결국 찾지 못했다. 그 무렵 인터넷에서 짬짬이 보았던 웹툰 '신과 함께'가 참으로 엄청난 내공을 간직한 작품이라는 생각이 들었다.

2016년 여름부터 시작된 고민은 그해 가을 총 8권의 『신과 함께』 세트를 구입하는 것으로 결론이 났다. 놀랍게도 큰아이는 아빠가 만화책 세트를 집에 가져온 날을 기억한다. 집 앞 식당에서 저녁을 먹으면서 식탁 위에 만화책을 쌓아 놓고 동생과 함께 읽던 행복한 날을 말이다.

『우리가 정말 알아야 할 삼국유사』(고운기, 현암사)

과학적 검증보다 훨씬 오래된 인류의 질문은 '나는 누구인가?' 라는 정체성을 묻는 질문이다. 고대 선사시대부터 지금까지 개인과 공동체의 정체성은 신화와 전설 같은 '이야기'가 담당해온 영역이다. 『삼국유사』에는 고조선을 포함한 고대 국가들의 건국 신화 같은 강자들의 이야기 외에도 여자와 노비 같은 약자들의 이야기가 넘친다. 이 시대 한반도에서 태어나 살면서 '나는 누구인가?' 또는 '우리는 누구인가?' 라는 질문에 대답을 찾는 이에게 『삼국유사』는 분명 독보적인 길잡이 역할을 해줄 것이다.

고운기 교수는 『삼국유사』에 매료되어 20년 넘게 『삼국유사』를 재조명하는 작업에 몰두하고 있다. 이 책은 고운기 교수의 해설과 양진 사진작가의 사진이 아주 잘 어울린다.

신화를 사랑한 작가

조지프 캠벨(1904-1987)

미국의 비교신화학자

『신화의 힘』

캠벨의 책 중에서 가장 먼저 『신화의 힘』(조지프 캠벨 저, 이윤기 역, 21세기북스)을 추천한다. 신화를 공부하는 데 이만한 입문서가 또 있을까 싶다. 지금도 미국인들에게 존경받는 저널리스트 빌 모이어스와 조지프 캠벨의 PBS TV 대담 초고를 책으로 엮었다. 쉽게 읽힌다. 유튜브에서 '신화의 힘'을 검색하면 미국 PBS에서 방송했던 영상을 찾을 수 있다.

『천의 얼굴을 가진 영웅』(조지프 캠벨 저, 이윤기 역, 민음사)

번역가 이윤기는 이 책을 '융파 심리학의 입장을 원용하면서 다양한 영웅 전설을 통해 인간 정신 운동을 규명하는 한편 현대 문명에 대해 하나의 재생 원리까지 제시하려는 야심적인 작품'이라고 평했다. 조지프 캠벨은 전 세계 수많은 신화를 분석하면서 공통의 문법을 찾아낸다. 신화 속 영웅들은 대부분 '출발, 입문, 회귀'의 여정을 보인다. 이것이 이른바 12단계로 구성한 '영웅의 여정'이다.

구본형(1954~2013)
변화경영사상가

구본형은 자신의 내면에 숨겨진 가치와 아름다움을 발견하는 과정이야말로 진정한 변화라고 여겼다. 평생 수십 권의 책을 저술했는데, 마지막 2권이 신화 관련 책이었다. 구본형은 신화를 인간의 욕망과 갈망이 날것 그대로 담겨 있는 대단히 매력적인 변화 모티프로 여겼다. 구본형의 신화 관련 책에는 여러 제자를 길러내고 수많은 사람들이 스스로 자신의 꿈을 찾아가도록 도운 선생의 내공이 듬뿍 담겨 있다.

『구본형의 신화 읽는 시간』(구본형, 와이즈베리)

인간을 근본적으로 변화시킬 수 있는 힘이 무엇인지 오랫동안 탐구해온 저자는 모든 인류 문화권에서 발견되는 '신화'야말로 인간의 원초적 사고방식과 세계관, 욕망 등이 고스란히 담겨 있는 '인간 독법 바이블'이라고 이야기한다. 철학, 심리학, 문학, 미술 등다양한 분야를 넘나들며 신화 속에 숨겨진 의미를 다채로운 시각으로 풀어준다.

『구본형의 그리스인 이야기』(구본형, 생각정원)

고대 그리스와 로마의 건국까지 그리스인의 거침없는 모험과 변신 이야기를 담았다. 고대 그리스 문명의 상징인 크레타의 미노스왕과 미케네의 페르세우스를 시작으로 아테네의 테세우스와 테베의 오이디푸스 그리고 트로이전쟁과 로마 건국 과정을 200여 장의 도판과 함께 보여준다.

신화 속 주인공들은 모두 자신의 운명 안에서 소명을 발견하고 모험을 떠났다. 구본형 선생은 책을 통해 독자들을 선동한다. 강요된 껍데기의 삶을 버리고 진정한 나를 찾아가는 모험을 떠나라고 말이다.

2. 철학

서양 철학

철학은 쉽지 않다. 책을 좋아하는 사람들도 철학책 읽기에는 난색을 표한다. 회사 독서모임에서 철학책을 다뤄본 적이 있다. 『인간의 조건』(한나 아렌트, 이진우 역, 한길사)이나 『정호경 신부의 장자 읽기』(정호경, 햇빛출판사)를 함께 읽어보았는데 대부분 어려워했다.

철학 입문자들이 철학책을 처음 읽을 때 마치 '입에 자갈을 넣고 씹는 기분'을 느낀다고 표현한다. 역사가 사실을, 소설이 인물과 사건을 소재로 삼는다면, 철학은 개념어를 소재로 삼는다. 철학자는 자신의 철학에서 강조하고 깊은 개념을 반복적으로 다듬는다. 철학은 궁극적으로 자신만의 개념어를 추출해내면서 동시에 개념어를 새롭게 연결하는 학문이다. 그러니 개념어 학습이 이루어지지 않으면, 소화하지 못한 개념어들이 마치 '입 안에 자갈'처럼 느껴질 수밖에 없다.

그럼에도 불구하고, 깊게 우려진 개념어와 개념어의 관계가 눈에 들어오기 시작하면 새로운 세계가 보이기 시작한다. 한 권 두 권 좋은 철학책을 읽다보면 더 깊고 넓은 세계에 가보고 싶어진다.

예를 들어 니체를 공부하고 싶다면, 니체가 저술한 1차 자료를 보기보다는 1차 자료를 재가공한 2차 자료를 먼저 접하는 과정이 필요하다. 다양한 2차 자료를 보면서 1차 자료를 함께 보면 훨씬 빠르고 수월하게 1차 자료를 이해하게 된다. 쉽게 말해 혼자 서울 성벽 길을 돌아도 좋지만 여행전문가의 해설을 들으며 그 길을 돌면 훨씬 재미있고 깊게 음미할 수 있는 이치와 같다. 서양 철학을 처음 접하는 분들에게 아래의 책을 추천한다.

『세계 철학사』(한스 요아힘 슈퇴리히, 자음과모음)

철학사로 철학에 접근하기를 권한다. 이 책은 깊이 있는 내용을 쉽게 서술했다. 좋은 철학사 한 권은 철학책을 읽을 때 오래도록 길잡이가 되어준다. 철학사 책은 빌려 읽기보다 구입해서 소장하기를 권한다. 읽고 싶은 부분을 먼저 읽는 방식으로 접근하면 된다.

『철학, 역사를 만나다』(안광복, 어크로스)

『철학카페에서 문학읽기』(김용규, 웅진지식하우스)

『철학이 필요한 시간』(강신주, 사계절)

안광복, 김용규, 강신주는 철학을 주제로 대중적인 교양서를 꾸준히 출간하는 대표적인 작가다. 안광복은 플라톤을 전공했고, 고등학교 철학교사로 재직 중이다. 김용규는 독일에서 철학과 신학을 전공했다. 강신주는 장자를 전공했다. 이 작가들의 다른 책도 찾아 읽기를 추천한다.

『철학의 위안』(알랭 드 보통, 청미래)
서양 철학사를 이렇게 재미있게 쓸 수도 있구나 싶어서 놀라웠다.

『불안』(알랭 드 보통, 은행나무)
서양 문화사를 '불안'이라는 키워드로 꿰뚫은 명작이다.

『사피엔스』(유발 하라리, 김영사)
인류의 역사를 다양한 각도로 읽기 쉽게 풀었다. 미처 생각하지 못했던 새로운 시각이 흥미롭다. 인문과학 입문서로 추천한다.

『방드르디, 야생의 삶』(미셸 투르니에, 문학과지성사)
미셸 투르니에는 철학교사 시험에 두 번이나 실패하면서 철학교사가 되는 꿈은 접었지만 대신 철학소설을 쓰기로 마음먹었다. 신화에 도전하는 것이 철학의 역할인 것처럼, 현대 사회에서 이미 신화로 굳

어진 『로빈슨 크루소』(다니엘 디포)를 뒤집어보기 위해 『방드르디, 야생의 삶』을 썼다. 두 작품을 함께 읽으면 소위 '철학한다'는 말이 무엇인지 비교 체험이 가능할 것이다.

동양 철학

대학에서 동서양 철학을 모두 배웠지만, 대학을 졸업할 때까지도 동양 철학은 갈피를 잡지 못했다. 동양 철학의 사고방식이 너무 낯설었고, 한자로 쓰인 개념어의 숲에서 길을 잃곤 했다.

마흔을 넘기며 동양 철학의 세계가 비로소 보이기 시작했다. 공자와 노자, 장자와 묵자의 세계가 조금씩 이해되기 시작했다. 그렇다고 한자와 한문이 익숙해졌다는 뜻은 결코 아니다. 중국 고대철학을 한글 해설로 읽다보면 가슴을 파고드는 문구를 만난다. 그런 문구는 한글 해설과 한자 원문을 비교하며 공들여 다시 읽게 되는데, 그러다 보면 어느 순간 시간이 정지하는 것 같은 느낌이 든다. 수천 년 전에 어느 현자가 남긴 메시지가 온 마음을 사로잡는다. 어떤 날은 도덕경의 한 구절이, 어떤 날은 논어의 한 구절이, 몇 날 며칠이고 마음을 온통 헤집고 다닌다. 고대 중국철학이 전하는 짧은 글귀가 배 속까지 깊게 울려 퍼지는 듯하다. 다시 만난 동양 철학은, 글자 그대로, '시(詩)'였다.

마흔을 넘기며 최현, 오강남, 신동준, 김경윤, 기세춘, 신영복, 최진석의 글을 통해 동양 철학을 처음부터 다시 배웠다. 특히 작년에 『나락 한 알 속의 우주』(장일순, 녹색평론사)와 『좁쌀 한 알』(최성현, 도솔) 에서 무위당 장일순을 만났다. 장일순이 동양 철학의 언어로 정성스 럽게 풀어낸 생명세계는 참으로 아늑하고 푸근하다.

책을 읽기 전에 다큐멘터리를 먼저 보기를 권한다. EBS 다큐프라임 '절망을 이기는 철학 제자백가'는 6부작으로 공자, 장자, 한비자 등 을 다룬다. 제자백가란 춘추전국시대라는 전쟁통에 피어난 중국 고 대 사상가들을 말한다. EBS 홈페이지에서 '다시 보기'로 볼 수 있다. '절망을 이기는 철학'이라는 부제를 달고 한 권의 책 『생존의 조건』 (이주희, MID)으로 출간되었다.

『강의』(신영복, 돌베개)

신영복은 '우리 시대의 진정한 스승'이라는 호칭이 아깝지 않은 분 이다. 『강의』를 먼저 읽고 『담론』(신영복, 돌베개)을 읽기를 권한다.

『철학의 시대 - 춘추전국시대와 제자백가』(강신주, 사계절)

위에 언급한 개론서를 보았다면 조금 더 밀도 있게 들어가보는 것 도 좋다. 강신주의 『철학의 시대』는 주역, 춘추, 시경부터 제자백가 개론까지 중국고대 사상체계의 밑그림을 상세하게 보여준다.

『공자의 생애』(최현, 범우사)

파업을 하던 중에 중고책방에서 만난 책이다. 이 책으로 동양 철학 다시 읽기를 시작했다. 파업을 하는 동안 읽어서인지 공자의 시련이 참으로 절절하게 다가왔다. 문고판이어서 책이 작고 얇은 것도 장점이다. 읽고 너무 좋아서 아내에게 읽어보기를 권했다. 동양 철학이라면 겁부터 내던 아내도 용기 내어 읽었고, 공자의 삶을 이해하게 되었다.

『공자 인생 강의』(바오펑산, 시공사)

『공자의 생애』를 읽고 나서 좀 더 농밀하게 공자를 만나고 싶다면 이 책을 읽어보자. 지학(志學), 이립(而立), 불혹(不惑) 등은 공자가 자신의 인생 흐름을 설명할 때 사용했던 용어다. 이 책은 이러한 용어를 큰 흐름 삼아 공자의 인생 역경과 변화를 밀도 있게 그려낸다. 일어나기도 하고 쓰러지기도 했던 공자의 인간미를 느낄 수 있다.

『도덕경』(오강남, 현암사)

도덕경은 끊임없이 새롭게 해석돼 십인십색으로 출간되는 책 중 하나지만 이십 년이 넘도록 가장 널리 읽히는 해석본은 단연코 오강남 교수의 『도덕경』이다. 비교종교학을 연구하는 오강남 교수는 동서양의 용어를 총체적으로 활용하여 해설한다. 비전공자가 이해하기

쉽도록 현대적 감각으로 쉽게 설명한다.

『생각하는 힘, 노자 인문학』(최진석, 위즈덤하우스)

최진석 교수의 EBS 노자 강의를 한 권의 책으로 엮었다. 노자 입문
서로 추천한다. 최근에는 최진석 교수가 장자 강의를 하고 있는데 유
튜브에서 들을 수 있다.

『장자』(오강남, 현암사)

노자에 이어 장자도 오강남 교수의 해설서를 추천한다. 동서양 용어
를 아우르면서 현대적인 감각으로 해설하는 내공이 돋보인다. 장자의
'내편'을 해석하고 '외편'과 '잡편'은 몇 개 텍스트만 포함하고 있다.

『장자, 아파트 경비원이 되다』(김경윤, 사계절)

동양철학 입문자라면 김경윤의 청소년용 철학소설을 추천한다. 중
학생 아이가 이 책을 재미있게 읽고서 장자를 이해할 수 있었다고 한
다. 십 대 청소년을 자녀로 둔 부모라면 김경윤의 철학소설을 살펴보
기를 권한다.

『묵자』(기세춘, 바이북스)

묵자는 지배층이 벌이던 전쟁과 폭정에 처절하게 맞섰던 저항의 철학이어서 지난 2천 년 동안 금서(禁書)였다. 촛불정신을 가슴에 간직한 사람이라면 이 책을 읽기를 권한다. 문익환 목사가 옥중에서 기세춘 선생의 묵자 해설을 읽고는 편지를 통해 기세춘 선생과 논쟁을 벌인 적이 있다. 이 논쟁이 훗날 『예수와 묵자』라는 책으로 출간되었다. 가히 조선시대 기대승과 황희의 사단칠정 논쟁에 비견될 만큼 한국 지성사에 길이 남을 사건이다.

『운명 앞에서 주역을 읽다』(이상수, 웅진지식하우스)

주역은 3천 년 전에 쓰인 점술 책이지만 점술 차원을 넘어 인류의 지성사와 문명사에 강력한 영향력을 발휘하고 있다. 점술에 관심이 없는 나는 처음에는 주역에 관심이 없었지만, 동양 철학을 공부할수록 주역에 관심이 생겼다. 저자 이상수는 주역과 제자백가를 전공한 학자지만 한겨레에서 18년간 기자생활을 한 경험을 살려 초심자 눈높이에 맞춰 쉽게 썼다.

『주역 강의』(서대원, 을유문화사)

서대원의 책은 한자를 전혀 몰라도 독파할 수 있도록 쉽게 풀이한 것이 가장 큰 장점이다. 괘를 제외하고 오로지 주역 본문을 해석한

풀이는 독창적이면서 명쾌하다.

김용의 무협소설

동양의 김용은 서양의 톨킨에 비견된다. 중국 한자 문화권의 사고 방식을 익히는 데 김용의 무협소설은 분명 큰 도움이 된다. 김용 작가가 워낙 방대한 작품을 남겼기에 천천히 시간을 두고 읽어야 하겠지만, 그래도 사조 삼부곡(『사조영웅전』, 『신조협려』, 『의천도룡기』)만큼은 꼭 읽어보기를 권한다. 무협소설 곳곳에서 중국 철학의 흔적을 찾아내는 쏠쏠한 재미가 있다.

『한자의 역설』(김근, 삼인)

한자가 무엇인지, 어떻게 생겨나고 어떻게 발전했는지를 속 시원하게 설명한 책이다. 갑골문자에서 시작한 초창기 한자부터 점차 발전하여 형이상학적 개념을 창출해내는 한자의 성장을 면밀히 설명한다. 한자를 공부한다는 것은 한자의 체계대로 관념한다는 뜻이다. 중국이라는 거대한 시공간을 참으로 오랫동안 관장하고 있는 한자의 엄청난 능력을 이 책을 통해 헤아려볼 수 있다.

3. 역사

한국사

일본 아베정권이 한국을 상대로 경제전쟁을 선포했다. 일본군 위안부 할머니들에게 진심 어린 사과를 하지 않고 한국을 향해 경제전쟁 선포를 하다니 참으로 염치없는 행동이다. 2020년 일본 올림픽에서 후쿠시마 농산물을 참가 선수들 식탁에 올리겠다는 계획도 진행 중이다. 요컨대 일본의 제국주의 역사는 광복 된 지 74년이 흘렀지만 여전히 현재 진행형이다.

한반도 냉전체제를 극복하고 아시아 평화라는 미래를 향해 치열하게 노력해야 할 때, 일본 극우 정치인들의 행태보다 더욱 분통 터지는 일이 국내에서 일어나고 있다. 정치적 이득을 위해 일본 극우 정치인 같은 말을 내뱉고 글을 쓰는 이들을 거의 매일 언론에서 접한다. 대학 강단에서 학생들을 가르치는 교수와 학자 몇 명이 함께 책을 냈다. 독도는 우리 땅이 아니며, 일제는 조선을 수탈하지 않았고, 강제 징용과 성노예는 없었다고 책에 썼다. 이런 책이 현재 베스트셀러 1위란다.

2019년 한반도에 여전히 제국주의 가치관이 판을 치는 이유는 가짜 역사를 가르쳐왔기 때문이다. 일본 제국주의와 세계대전, 상해 임시정부와 해방, 한국전쟁과 분단, 이승만에서 박정희와 전두환으로 이어지는 권력의 역사, 제주 4·3과 전태일과 광주 5·18에 대해 입을 다무는 역사 교육은 모두 가짜다. '일베'가 활개치는 것은 모두 가짜 역사 때문이다. 가짜 역사를 배운 사람들이 언론인, 정치인, 학자, 종교인, 기업가가 되어 있는 21세기 대한민국이다.

칼을 단련시키고 날카롭게 만드는 건

과학이고 수학이고 법과 사회야.

역사를 배운다고 칼이 강해지지는 않아.

그런데 역사를 왜 배우는지 알아?

역사를 배우면

이 칼끝을 어디로 향하게 해야 할지,

누구를 위해 써야 할지,

또 언제 뽑아야 할지 알게 된다.

그러니까 역사보다 중요한 게 있을까?

'한국사 선생님의 명언'이라는 제목으로 인터넷에서 돌아다니는 글이다. 스치듯 읽은 글인데 잊히지 않고 요즘 들어 더욱 생각이 난다. 어른과 십 대 청소년 모두 곁에 두고 읽을 만한 한국사 책을 몇 권 추천한다.

『조선상고사』(신채호)

1925년, 단재 신채호 선생님은 새해를 맞아 일간지에 쓴 칼럼에서 조선의 정신적 독립을 일갈했다.

우리 조선은 석가가 들어오면

조선의 석가가 되지 않고 석가의 조선이 되며,

공자가 들어와도 공자의 조선이 된다.

주의도 마찬가지다.

아! 이것이 조선의 특색이냐?

특색이라면 노예의 특색이다.

나는 조선의 주의를 위해 통곡하려 한다.

단재 신채호 선생님이 쓴 '조선상고사'는 원래 '조선사'였다. 뤼순 감옥에서 수감 중에 고대부터 근대까지 우리 역사를 주체적으로 재정립하려고 글을 썼는데, 중간에 쓰러지면서 더 이상 글을 쓰지 못하고 단군 조선부터 삼국시대까지 서술한 '조선상고사'가 되었다.

십 대 청소년과 어른을 위한 책으로 『조선상고사』(단재 신채호 지음, 김종선 옮김, 역사의아침)가 있고, 어린이를 위한 학습만화로 주니어김영사에서 펴낸 『조선상고사』(김대현 글, 최정규 그림)가 있다. 단재 신채호 선생님에 대해 좀 더 깊게 알고 싶다면 『단재 신채호 다시 읽기 – 민족주의자에서 아나키스트로』(이호룡, 돌베개)를 추천한다.

『딸에게 들려주는 역사 이야기』(김형민, 푸른역사)

2015년부터 주간지 '시사IN'에 연재한 역사 이야기를 가려 뽑아 책으로 엮었다. 김형민 PD의 글에서 뛰어난 가독성과 뜨거운 열정을 동시에 느낄 수 있다. 온달과 결혼한 평강공주 이야기부터 2017년 백남기 농민 사인 논란까지 고대와 현대를 자유자재로 넘나들면서 어렴풋이 알고 있던 사건들을 깊숙한 이야기로 흥미진진하게 풀어낸다.

『조선왕조실록』(박시백, 휴머니스트)

독서의 중요성이나 방법론을 설명하는 책 중에서 '학습만화를 피해야 한다'는 조언을 자주 접한다. 나는 이 조언에 동의하지 않는다. 잘 만들어진 학습만화는 독서의 매력을 발견하는 좋은 방법이다.

만화가 박시백은 한겨레신문의 시사 만화가였는데, 조선왕조실록을 만화로 그려보고 싶어서 신문사를 그만두었다고 한다. 2003년에 1권을 내고 최종적으로 2013년 20권으로 완간했으니 10년에 걸친 대장정이었다. 20권 세트를 집에 들여놓고 자녀와 부모 모두 함께 읽기를 권한다. 그림과 글 모두 뛰어나다.

『백범일지』(김구, 도진순 역, 돌베개)

　백범 김구 선생님의 일대기와 독립운동사를 알 수 있는 귀중한 자료이다. 특히 뒤에 수록된 '나의 소원'은 손가락으로 짚어가며 읽으면서 가슴에 새길 만한 명문 중의 명문이다.

『안중근 자서전』(안중근, 범우사)

　안중근 의사는 유년시절부터 이토 사살과 공판까지의 이야기를 그의 자서전에 진술하게 서술했다. 한 세기가 지난 지금 읽어도 당시 시대가 얼마나 참담하고 암울했는지 가늠할 수 있다. 시대의 한복판에서 신문을 읽고 학교를 세우며 의병을 모으는 안중근 의사를 만날 수 있다.

　항소를 포기하고 마지막 순간까지 집필에 매진했던 미완의 원고 '동양평화론'은 당시 일본 제국주의의 한계를 명확히 짚어낸다. 동양을 침탈하는 서구 제국주의를 방어하기 위해 – 한중일 삼국이 독립을 유지하면서도 서로 협력하는 – 아시아 공동체 건설을 향해 나아가야 한다고 설파한다.

『태일이』(박태옥 글, 최호철 그림, 돌베개)

　우리 집 아이들은 풀빵을 '태일이 빵'이라고 부른다. 학교 도서관에서 전태일 열사의 삶과 죽음을 다룬 5권짜리 만화 『태일이』를 읽었기 때문이다. 전태일 열사는 열악한 노동현장에서 배고픔과 폐병으로 고생하는 열다섯, 열여섯 살 소녀들에게 차비를 아껴 풀빵을 사주었다고 한다. 인권 변호사의 대부 조영래 변호사가 수배 생활 중에 쓰고 일본에서 먼저 발행했던 『전태일 평전』(조영래, 돌베개)도 한국 현대사에 길이 남을 책이다.

세계사

일곱 개의 성문을 가진 테베를 누가 건설했는가?
책에는 왕의 이름들만 적혀 있다.
왕들이 울퉁불퉁한 돌덩어리를 직접 날랐는가?
그리고 수없이 파괴되었던 바빌론
그때마다 그 도시를 누가 재건했는가?

브레히트의 시 '어느 책 읽는 노동자의 의문' 한 대목이다. 시인 브레히트는 역사를 기록한 책을 읽으며 역사에 기록되지 못한 수많은 사람들의 이야기를 찾는다. 기록되지 못한 사람들의 이야기는 상상과 추론에 의지할 수밖에 없다.

인류 역사에서 글자를 기록하는 것은 오랜 기간 지배자들의 전유

물이었기에 역사는 늘 승리하고 지배하는 이들의 몫이었다. 그러나 시대는 변하고 있다. 21세기는 누구나 보고 듣고 생각한 것을 즉시 기록하여 전 세계로 알릴 수 있는 시대다.

17세에 베이징으로 끌려가 일본군 성노예 생활을 했던 김학순 할머니는 일본군 위안부 피해자들의 이야기가 세상에 알려져야 한다고 생각했다. 1991년 8월 14일, 일본군 위안부 피해 사실을 최초로 공개 증언하고 일본을 상대로 소송을 제기했다. 이후 세계 각지의 일본군 위안부 피해자들의 증언이 잇달아 터져 나왔다. 이제 8월 14일은 '일본군 위안부 피해자 기림의 날'이라는 대한민국 국가기념일이 되었다. 앞서 소개한 브레히트의 시는 다음과 같이 마무리된다.

모든 페이지마다 승리가 적혀 있다.
누구의 돈으로 승리의 잔치가 열렸을까?
십 년마다 위대한 인물이 나타났다
그 비용은 누가 부담했을까?

너무도 많은 목록들
너무도 많은 의문들

부모든 십 대 청소년이든 누구나 곁에 두고 읽을 만한 세계사 책을 몇 권 추천한다.

『피터 히스토리아』(교육공동체 나다 글, 송동근 그림, 북인더갭)

가장 우선순위로 추천하는 역사 만화다. 주인공 피터 히스토리아는 놀랍게도 열세 살 소년의 모습으로 성장을 멈춘 채 고대부터 현대까지 역사의 순간을 온몸으로 겪으며 살아간다. 큰아이가 학교 도서관에서 이 책을 빌려 와 보여주며 했던 말이 지금도 생생하다.

"아빠! 이 책에는 역사와 철학과 문학이 모두 들어 있어요."

눈 한번 떼지 못하고 마지막 장까지 홀리듯 읽었다. 큰아이 표현에 진심으로 동의한다.

〈세계 석학들이 뽑은 만화 세계대역사 50사건〉(주니어김영사)

여러 세계사 학습만화 시리즈를 비교한 후 가장 마음에 들어 집에 들인 시리즈다. 세계사의 하이라이트를 선별해서 각 권에 집중적으로 풀이했다. 십 대 청소년을 독자층으로 삼지만 자세한 해설과 뛰어난 전달력은 성인이 읽어도 손색이 없다. 현재 49권 『팔레스타인과 이스라엘의 전쟁』까지 나왔다.

『세계사 편력』(자와할랄 네루, 일빛)

TV 프로그램 '알뜰신잡'에서 정재승 교수가 가장 감명 깊게 읽은 역사서라고 밝히면서 세간의 주목을 받았다. 대학생 시절 헌책방에서 구입한 석탑출판사의 『세계사 편력』을 지금도 가지고 있다. 지금은 석탑출판사 책은 절판되었고 일빛출판사 3권 세트 완역본을 많이 읽는다.

네루는 독립운동 중 아홉 번에 걸쳐 투옥됐고, 독립한 이후 초대 총리를 역임한 독립운동가이며 정치가다. 『세계사 편력』은 네루가 1930년부터 1933년까지 감옥에서 딸 인디라 간디에게 196회에 걸쳐 편지로 써서 보낸 세계 역사 이야기를 책으로 엮은 것이다. 서양 중심의 제국주의 역사관을 단호히 배격하면서 올바른 세계관과 역사관을 열세 살 딸에게 쉽게 설명한다.

『세계사를 움직이는 다섯 가지 힘』(사이토 다카시, 뜨인돌)

통찰력이 뛰어나고 가독성도 좋아서 일단 손에 잡으면 쉽게 놓지 못할 것이다. 욕망, 모더니즘, 제국주의, 몬스터(자본주의, 사회주의, 파시즘), 종교라는 5가지 키워드로 세계사를 분석한다.

『이슬람의 눈으로 본 세계사』(타밈 안사리, 뿌리와이파리)

이슬람 세계의 역사를 포괄적이면서 서구 편향적이지 않게 정리했다는 평가를 받으며, 이슬람 관련 추천 서적에서 최상위 목록에 오르는 책이다. 저자는 아프카니스탄계 미국인으로 9.11테러 이후 악의 근원으로 지목받는 이슬람의 상황을 차분하게 알리기 위해 이 책을 썼다. 다른 문명과 근본적인 차이점을 가진 이슬람의 사고방식과 세계관을 접하는 좋은 입문서다.

『종횡무진 역사』(남경태, 휴머니스트)

한국사, 동양사, 서양사를 한방에 꿰뚫어 보고 싶은 이들을 위한 책이다. 700페이지가 넘는 이른바 목침형 도서지만 세계 문명의 역사적 흐름에 호기심을 품는 독자라면 읽어볼 만한 가치가 충분하다. 철학과 신학을 공부하다 부딪힌 몇 가지 궁금증을 이 책을 읽으며 해소할 수 있었다.

『시민의 세계사』(김윤태, 휴머니스트)

일본은 스스로 정치권력을 바꾼 역사가 없다. 100년 전 천황제 군국주의 시절과 거의 비슷하게 지금도 일당 독재체제를 지속하고 있다. 결과적으로 아베정부처럼 군국주의 부활을 꿈꾸는 세력이 지금도 정권을 이어가고 있다. 그러나 한국은 식민지 통치를 겪었지만 스스로 독재체제를 타도하고 민주주의를 성장시키고 있다. 2016년 가을부터 2017년 봄까지 이어진 촛불혁명을 지금 십 대 청소년들은 오래도록 기억할 것이다. 그럼에도 아직 청산되지 못한 식민사관은 민주주의 시민의식 성장을 통해 반드시 청산해야 할 것이다.

'시민'이란 정치적 권리를 가지고 자신이 속한 공동체의 운명을 스스로 결정하고 책임지는 이를 가리키는 말이다. 김윤태 교수는 현대 사회에 큰 영향을 끼친 사건과 용어를 중심으로 세계사를 서술하면서 자유와 평등을 갈망하는 인류의 외침을 가득 담았다.

4. 문학

한국 문학

문학은 현실을 비추는 거울이다. 작품 속 인물에 나를 비추어 보고 작품 속 배경에 지금의 현실을 비추어 볼 수 있기에, 문학작품을 읽는다는 것은 거울을 들여다보는 행위와 같다. 작가가 어떤 배경에서 왜 그 작품을 썼는지, 지금 어떤 영향을 끼치고 있는지 아는 것은 중요하다. 과거의 작품을 통해 현재를 돌아보고 더 나은 세계를 상상하는 일은 더욱 중요하다.

한국 근현대 대표 작가 명단을 정리했다.

김동인, 염상섭, 현진건, 나도향, 전영택, 이태준, 채만식, 계용묵, 주요섭, 김유정, 강경애, 박태원, 이효석, 이상, 김동리, 황순원, 손창섭, 선우휘, 박경리, 박완서, 하근찬, 최인훈, 이청준, 조세희, 김승옥

우리말로 쓰였기 때문에 출판사에 따른 차이가 없다. 작가명과 작품명을 검색해 마음에 드는 책을 찾아서 읽으면 된다.

세계 문학

작품 속 시대와 장소에 대한 배경 지식이 없다면 작품을 깊게 음미할수 없다. 세계 문학을 제대로 읽어내기 어려운 이유다. 세계 문학을 읽기에 앞서 먼저 읽으면 도움이 되는 책을 소개한다.

『헤세로 가는 길』(정여울, 아르테)

청소년기 하면 떠오르는 작가가 바로 헤르만 헤세다. 중고교 시절입시 위주의 교육에 염증을 느낄 때 『수레바퀴 아래서』의 '한스'에감정이입했고, 내가 누구인지 알 수 없어 혼란스러울 때 『데미안』의

'싱클레어'가 되어 '데미안'적 존재를 갈망했다. 마흔을 넘기며 자아의 확장을 꿈꾸며 다시 『나르치스 골드문트』와 『싯다르타』를 읽었다. 『수레바퀴 아래서』부터 『나르치스 골드문트』와 『데미안』, 『싯다르타』까지 작가 정여울이 탐구한 여정을 따라 헤세의 작품을 다시 읽으면서 '헤세로 가는 길'이 곧 '나에게로 가는 길'임을 느낄 수 있었다. 헤르만 헤세를 읽기가 어렵다면 『헤세로 가는 길』을 먼저 읽어보기를 권한다.

『이기적인 착한 사람의 탄생』(유범상, 학교도서관저널)

'문학작품을 통해 본 자본주의와 그 속의 사람들'이라는 부제대로 『이기적인 착한 사람의 탄생』은 자본가와 노동자의 탄생과 그들의 관계, 제도에 대해 다룬다. 문학작품을 빌어 자본주의와 그 속에 사는 사람들의 삶을 들여다본다.

자본가가 어떻게 경제적인 우위를 점하게 되었는지, 권력과 부를 획득하지 못한 사람들은 어떤 삶을 살았는지, 자본주의 속 노동자들의 삶은 어떠한지를 『왕자와 거지』, 『올리버 트위스트』, 『레미제라블』, 『세일즈맨의 죽음』 등을 통해 살펴보고 자본주의의 대안을 모색한다.

중1 독서습관

초판 1쇄 인쇄 2019년 12월 9일
초판 1쇄 발행 2019년 12월 17일

지은이   유형선·김정은
펴낸이   문채원
편집   오효순

펴낸곳   도서출판 사우
출판   등록 2014-000017호
주소   서울시 양천구 목동동로 50, 1223-508
전화   02-2642-6420
팩스   0504-156-6085
전자우편 sawoopub@gmail.com

ISBN 979-11-87332-47-3 03190

• 이 도서의 국립중앙도서관 출판예정도서목록(CIP)은 서지정보유통지원시스템
  홈페이지(http://seoji.nl.go.kr)와 국가자료종합목록 구축시스템(http://kolis-net.
  nl.go.kr)에서 이용하실 수 있습니다. (CIP제어번호 : CIP2019048881)